भारत और महात्मा गाँधी

भारत और महात्मा गाँधी

डॉ० रवीन्द्र कुमार

KALPAZ

भारत और महात्मा गाँधी

Rs. 450

ISBN: 978-81-7835-823-9

कल्पाज़ पब्लिकेशंस

सी–30, सत्यवती नगर, नई दिल्ली–110 052

ई–मेलः kalpaz@hotmail.com

लेजर टाईप सैटिंगः दिनेश कुमार

प्रिंटिंगः **ज्ञान रिद्धी आफसेट प्रेस**, दिल्ली।

अनुक्रम

प्राक्कथन

डॉ० रवीन्द्र कुमार उन कुछेक भारतीय विद्वानों में से हैं, जो अपने गहन अध्ययन और स्पष्ट विचारों के लिए पूरे थाईलैण्ड में जाने जाते हैं। विशेषकर वे भारतीय संस्कृति, दर्शन और गाँधी-विचार के विशेषज्ञ के रूप में प्रसिद्ध हैं। मुझे स्वयं डॉ० रवीन्द्र कुमार को सुनने का अवसर मिला है। उनके कई लेखों व कार्यों को भी मैंने पढ़ा है। इससे उनकी वैचारिक स्पष्टता और विषय के विश्लेषण के उनके ढंग का खुलासा होता है।

डॉ० रवीन्द्र कुमार समय-समय पर थाईलैण्ड पधारे हैं, जहाँ कई समसामयिक विषयों के साथ ही उन्होंने गाँधी-दर्शन से सम्बन्धित सभी प्रमुख बिन्दुओं पर व्याख्यान दिए हैं। उनके व्याख्यानों से थाई शिक्षकों और छात्रों ने महात्मा गाँधी के सम्बन्ध में बहुत कुछ जाना है।

महात्मा गाँधी का जीवन और अहिंसा-सम्बन्धी उनके विचार भारत ही नहीं, थाईलैण्ड सहित सारे विश्व के लिए आज पहले से कहीं अधिक महत्त्वपूर्ण हो गए हैं। इस सम्बन्ध में इसीलिए डॉ० रवीन्द्र कुमार के निम्नलिखित कथन में सत्यता है:

"गाँधीजी के निधन के साठ वर्षों के उपरान्त भी, जब विश्व

विभिन्न रूपों में परिवर्तित हो गया है, जब मानव-जीवन के समस्त क्षेत्र नई-नई करवटें ले चुके हैं, संसार नया जान पड़ता है, जब समस्याएँ भी पूर्व से अधिक पेंचीदा हो गई हैं तथा मानव-विकास अभूतपूर्व होने के साथ ही आत्मघाती बन रहा है, उनके विचार विश्व को शान्ति और प्रगति की दिशा में ले जा सकते हैं।"

बढ़ते विकास-क्रम में जिस प्रकार प्रतिस्पर्धाएँ भी बढ़ रही हैं, उनके संघर्ष में रूपान्तरण से बचाव का तरीका गाँधी के विचारों को अपनाने से ही मिल सकता है। गाँधी के मार्ग में किसी एक की विजय और दूसरे की पराजय नहीं होती। यह मार्ग सभी संलग्न पक्षों को विजय की अनुभूति कराता है। इसीलिए, गाँधी का मार्ग अद्वितीय है। वह हर परिस्थिति में कारगर और कल्याणकारी है।

इस पुस्तक में डॉ० रवीन्द्र कुमार द्वारा श्याम विश्वविद्यालय, बैंकाक सहित थाईलैण्ड के प्रमुख विश्वविद्यालयों में महात्मा गाँधी के जीवन और दर्शन पर दिए गए सात व्याख्यान सम्मिलित हैं। डॉ० कुमार ने अपने व्याख्यानों में अहिंसा, प्रजातंत्र, राष्ट्रीयतावाद, संस्कृति और वैश्वीकरण जैसे विषयों को गाँधी की दृष्टि से प्रस्तुत कर बहुत अच्छा कार्य किया है। गाँधी की अन्तर्राष्ट्रीय जगत् में महत्ता और भारत की विश्व-शान्ति के लिए भूमिका की चर्चा करके भी डॉ० कुमार ने सराहनीय कार्य किया है।

मैं आशा करती हूँ कि इस प्रकाशन द्वारा भारत और थाईलैण्ड

के अतिरिक्त एशिया व यूरोप सहित सारे विश्व के वे लोग लाभान्वित होंगे, जो विश्व-शान्ति और प्रगति के लिए महात्मा गाँधी के विचारों को प्रासंगिक समझते हैं। जो लोग समस्याओं के शान्तिमय उपायों द्वारा समाधान का विचार रखते हैं, वे भी इसके न्यूनाधिक लाभ उठा सकेंगे।

मैं डॉ० रवीन्द्र कुमार के इस समयानुकूल प्रकाशन का स्वागत करती हूँ। मैं इस कार्य की सफलता की कामना करती हूँ और डॉ० कुमार को बधाई देती हूँ।

धोनबुरी
थाईलैण्ड

ए० वचिरावरकार्न
कुलपति, धोनबुरी राजभट विश्वविद्यालय

अपनी बात

वर्ष 1995 से 2009 ईस्वी की चौदह वर्षों की अवधि के दौरान थाईलैण्ड के उत्तर से सुदूर दक्षिण व पूरब से पश्चिम के लगभग सभी भागों के इक्कीस उच्च-शिक्षा संस्थानों एवं विश्वविद्यालयों द्वारा समय-समय पर अतिथि आचार्य और विद्वान के रूप में धर्म-दर्शन, शिक्षा, सभ्यता, संस्कृति और अन्य सामाजिक-राजनीतिक विषयों पर व्याख्यान देने के लिए मुझे आमंत्रित किया गया। इन संस्थानों और विश्वविद्यालयों की यात्राओं के समय जो बात सर्वाधिक चौंकाने वाली रही, वह थी महात्मा गाँधी और उनके दर्शन के प्रति थाई अध्यापकों और छात्रों की रुचि। इसीलिए, अधिकांश संस्थानों में महात्मा गाँधी के जीवन या विचार से सम्बन्धित किसी-न किसी पहलू पर कम-से-कम एक व्याख्यान अवश्य ही मुझे देना पड़ा। कदाचित् गौतम बुद्ध के बाद यदि किसी दूसरे महान भारतीय से थाईजन सर्वाधिक प्रभावित हैं, तो वह मेरी दृष्टि में निश्चिततः महात्मा गाँधी ही हैं।

थाईजन का महात्मा गाँधी के जीवन, कार्यों और विचारों से प्रभावित होना स्वाभाविक है। इसके दो प्रमुख कारण हैं:

पहला कारण यह है कि थाईजन बहुसंख्या में बौद्ध-दर्शन के अनुयायी हैं। बौद्ध-दर्शन परिवर्तन के अपरिहार्य नियम को जीवन-व्यवहारों में अंगीकार करने पर निरन्तर बल देता है। थाईजन

किसी-न-किसी रूप में परिवर्तन के नियम से अपने को न्यूनाधिक तथा प्रत्यक्ष-अप्रत्यक्ष रूप से भी सम्बद्ध करने में सफल रहे हैं। थाईलैण्ड के निवासियों के जीवन और विकास से यह वास्तविकता प्रकट होती है। चूँकि महात्मा गाँधी का अहिंसा-आधारित सिद्धान्त भी परिवर्तन के अपरिहार्य नियम से बड़ी सीमा तक एकाकार करता है, देशकाल की परिस्थितियों एवं समय की माँग के अनुसार सिद्धान्त के व्यवहार पर बल देता है, इसलिए थाईजन गाँधी-दर्शन को बौद्ध-दर्शन की ही भाँति आदर तथा सम्मान की दृष्टि से देखते हैं।

इसी के साथ, गाँधी की प्रजातंत्र के सम्बन्ध में अति स्वस्थ अवधारणा, जन-शासन में जन-चेतना और न्याय की स्थापना हेतु सक्रिय कार्यवाही का उनका आह्वान थाईजन में सामान्य रूप से लोकप्रिय है। यह लोकप्रियता वहाँ के विशिष्ट-शिक्षित वर्ग में विशेष रूप से देखते ही बनती है। उदाहरण के लिए मैं श्याम विश्वविद्यालय, बैंकाक की घटना का उल्लेख करना चाहूँगा। इस विश्वविद्यालय ने महात्मा गाँधी पर एक विशेष व्याख्यान के लिए मुझे 2007 में आमंत्रित किया था। उस समय थाईलैण्ड में राजनीतिक उथल-पुथल जारी थी। तकसिन सिनावात्रा को पदच्युत कर सेना ने सत्ता पर अधिकार कर लिया था।

मैंने जैसे ही अपना व्याख्यान समाप्त किया, एक अध्यापक ने महात्मा गाँधी : लोकतंत्र और भीड़तंत्र के सम्बन्ध में, गाँधीजी की दिल्ली

डायरी के अंश को उद्धृत करते हुए*, मुझसे पूछा, "भारत, जो कि विश्व का सबसे बड़ा लोकतंत्र है, जहाँ लोकतंत्र की जड़ें बहुत गहरी हैं, में स्व-शासन की आड़ में क्या कभी भीड़तंत्र दृष्टिगोचर होता है?" एक अन्य श्रोता ने भी इसी से मिलता-जुलता प्रश्न किया, "लोकतंत्र भीड़तंत्र न बने, महात्मा गाँधी इस सम्बन्ध में क्या सुझाव देते हैं?"

प्रश्न महत्त्वपूर्ण थे। मैंने उनके उत्तर दिए। क्या उत्तर दिए? उनका यहाँ उल्लेख प्रासंगिक नहीं है। तो भी, उन पर आधारित एक छोटा सा लेख इस कार्य के सातवें भाग के रूप में सम्मिलित किया जा रहा है। यहाँ महत्त्वपूर्ण, प्रासंगिक और उल्लेखनीय बात यह है कि शिक्षित थाईजन गाँधी के प्रजातंत्र सम्बन्धी विचारों के सम्बन्ध में गहन रुचि रखते हैं। वे इनसे प्रभावित हैं।

दूसरे, थाईलैण्ड पर भारतीय संस्कृति का कदाचित् सर्वाधिक और गहरा प्रभाव है। बौद्ध-दर्शन के थाईलैण्ड पहुँचने से पूर्व भी वहाँ के निवासियों पर वैदिक-हिन्दू जीवन-पद्धति, परम्पराओं और भारतीय मूल्यों का बहुत प्रभाव था। बौद्ध-दर्शन के थाईजन के जीवन पर छा

---

* डायरी के उस अंश को, जिसमें उन्होंने कहा है, "प्रजातंत्र में जनता सरकार की त्रुटियों की ओर उसका ध्यानाकर्षित करके (अवश्य) ही सन्तुष्ट होनी चाहिए। यदि जनता चाहे, तो वह सरकार को हटा सकती है, लेकिन उसके मार्ग को आन्दोलन द्वारा बाधित नहीं किया जाना चाहिए। (अब) हमारी सरकार विदेशी नहीं है और उसका आधार शक्तिशाली सेना व नौसेना नहीं हैं। उसकी शक्ति का आधार जनता है।"

जाने का कारण यही था कि वह भारत से वहाँ गया। बौद्ध-दर्शन, मान्यताएँ और शिक्षाएँ भारतीय मूल की थीं; वे बड़ी सीमा तक भारतीय सांस्कृतिक विरासत को प्रकट करने वाली थीं। उसी क्रम में गाँधी-विचार पूर्णतः भारतीय हैं। भारतीय परिस्थितियाँ, परम्पराएँ और मान्यताएँ गाँधी-दर्शन के मूल में हैं। वे भी बौद्ध-दर्शन की भाँति सीधा और सरल जनाह्वान करती हैं। इसीलिए, वे भी थाईजन को प्रिय हैं; वे उन्हें अपनी संस्कृति से जुड़ी प्रतीत होती हैं। वे गाँधी के जीवन, कार्यों और विचारों के प्रति उनके हृदयों में प्रेम उत्पन्न करती हैं; उन्हें निकटता से जानने व समझने हेतु प्रेरित करती हैं।

इस पाण्डुलिपि में वर्ष 2007 और 2009 के मध्य की अवधि में थाईलैण्ड के छः विश्वविद्यालयों- उदान थानी राजभट विश्वविद्यालय, सुआन दुसित राजभट विश्वविद्यालय और श्याम विश्वविद्यालय, बैंकाक, नरेसुआन विश्वविद्यालय, फितसनुलोक, खोन कायेन विश्वविद्यालय और धोनबुरी राजभट विश्वविद्यालय में मेरे द्वारा भारत के विशेष सन्दर्भ में गाँधी के विचारों पर आधारित व्याख्यानों से तैयार सात लेख सम्मिलित हैं।

मैं आशा करता हूँ, पुस्तक के रूप में इसके प्रकाशित होने के उपरान्त, पाठक भारत और महात्मा गाँधी के सम्बन्ध में कई विशेष बातों से परिचित होंगे। विशेषकर, वर्तमान पीढ़ी को भारत के बारे में अनेक सूचनाएँ प्राप्त होंगी; वे गाँधी के भारत के परिप्रेक्ष्य में विचारों से आत्मसात् कर सकेंगे। साथ ही, वर्तमान वैश्विक परिस्थितियों में

भारत की भूमिका और महात्मा गाँधी के विचारों की सार्थकता का अनुमान लगा सकेंगे। दोनों – भारत और महात्मा गाँधी के महत्त्व को समझकर वैश्वीकरण की प्रक्रिया को सही दिशा में आगे बढ़ाने का कार्य भी कर सकेंगे।

इस पाण्डुलिपि को पढ़ने में सहायता करने के लिए मैं विशेष रूप से श्री मनोज कुमार 'मनोज' एवं श्रीमती कमलेश रवीन्द्र कुमार का मैं हृदय से आभार व्यक्त करता हूँ।

–रवीन्द्र कुमार

23–बी, लेनः 2
मानसरोवरः सिविल लाइन्स
मेरठ (उत्तर प्रदेश)
15 फरवरी, 2009

1

भारत, हिन्दू-विचार, सहनशीलता और गाँधी

"असहनशीलता से दूर, यह (हिन्दू-धर्म) अपने अनुयाइयों को न केवल अपने विश्वास का ही, अपितु अन्यों के आदर के लिए भी सक्षम बनाता है। साथ ही, अन्यों में जो अच्छाइयाँ हैं, उन्हें समान आदर देने एवं अपनाने का आह्वान भी करता है।"

– महात्मा गाँधी

परिचय

नृ-वैज्ञानिकों का एक वर्ग मानव के पृथ्वी पर आविर्भाव को दस लाख वर्ष पूर्व का मानता है। दूसरे शब्दों में, आज के विकसित मनुष्य का इस धरा पर उदय लगभग दस लाख वर्ष पहले हुआ। इस नृ-वैज्ञानिक वर्ग ने मनुष्य के आविर्भाव और इसके विकास-क्रम को अनेक कालों में भी विभक्त किया है। आदिमकाल, पाषाणकाल*, काँस्यकाल, लौहकाल, आधुनिककाल आदि, इसी विभाजन के भाग हैं। पुरातत्वविदों का एक वर्ग भी इन नृ-वैज्ञानिकों के इस आविर्भाव-सम्बन्धी तर्क एवं कालक्रम निर्धारण से सहमति व्यक्त करता है। निस्सन्देह यह पुरातत्वविद्-वर्ग भी इस सम्बन्ध में अपने तर्क और प्रमाण, जिनका आधार समय-समय पर की गईं खुदाइयाँ और उन खुदाइयों से प्राप्त मानव-उपकरण हैं, प्रस्तुत करता है।

यह सम्भव है कि दस लाख वर्ष पूर्व मानव के पृथ्वी पर उदय की बात करने वाले नृ-वैज्ञानिकों से, एवं साथ ही इन नृ-वैज्ञानिकों के कालक्रम निर्धारण का समर्थन करने वाले पुरातत्वविदों से सभी लोग सहमत न हों। ऐसा भी सम्भव है कि इस सम्बन्ध में अन्यों का, वे नृ-वैज्ञानिक हों या पुरातत्वविद्, अपना भिन्न दृष्टिकोण हो। स्वयं मैंने एफ० फक्कनी के लेख** सहित कई अन्य शोधपत्रों के माध्यम से ऐसा

---

* जिसमें पुरापाषाण, मध्यपाषाण तथा नवपाषाण सम्मिलित हैं तथा साथ ही इनके पूर्व, मध्य और उत्तरकाल भी।

** 'इवलूश्न्, इमर्जन्स् ऐन्ड टैंसेन्डेंस ऑफ मैन'

जाना भी है। लेकिन, तब भी, मानव के विकास-क्रम को केन्द्र में रखकर, जिस प्रकार उसके आविर्भाव को दस लाख वर्ष पूर्व माना गया है, वह महत्त्वपूर्ण है तथा विचारणीय भी।

नृ-वैज्ञानिकों का एक वर्ग यह तर्क भी देता रहा है कि मानव का पृथ्वी के जिस स्थान पर सर्वप्रथम आविर्भाव हुआ, वह भारतीय उपमहाद्वीप था, अथवा आज का भारत क्षेत्र था, या वह एक द्वीप था, जो उस समय भारत का एक भाग था, लेकिन अब वह हिन्द महासागर में डूब चुका है। इस तर्क में कितनी सत्यता है, मैं अपनी ओर से इस पर कोई अन्तिम टिप्पणी नहीं कर सकता, क्योंकि मैं न तो नृ-वैज्ञानिक हूँ, तथा न ही मैं पुरातत्वविद् हूँ। लेकिन, फिर भी, भारत के प्राचीनतम् इतिहास, जिसमें मेरी अत्यधिक रुचि रही है तथा जिसके अध्ययन के लिए मैं सदैव आतुर रहता हूँ, के प्रस्तुत किए गए विश्लेषण के आधार पर मैं निश्चित रूप से स्वीकार करता हूँ कि यहाँ अति प्राचीनकाल से मानव का वास रहा है। साथ ही, यह भी कि भारत में प्राचीनकाल से ही विकसित, समन्वयकारी और श्रेष्ठ सभ्यता रही है। यही कारण भी है, जिसके चलते मैं नृ-वैज्ञानिकों के उक्त वर्ग, जो भारत, भारतीय उपमहाद्वीप या इसके हिन्द महासागर में डूब चुके किसी द्वीप पर मानव के सर्वप्रथम उदित होने का तर्क देता है, को शोध एवं विशलेषण का विषय बनाने का विद्वानों तथा विषय-विशेषज्ञों का आह्वान करता हूँ।

भारत और भारतीय उपमहाद्वीप में समय-समय पर खुदाइयों के दौरान ऐसे तथ्य उजागर होते रहे हैं, जो इस भू-भाग में हजारों वर्ष पहले मानव की उपस्थिति और साथ ही मानव-सभ्यता का खुलासा करते रहे हैं। यद्यपि ये खुदाइयाँ कुछेक स्थानों को छोड़कर बहुत नीचे

के स्तर तक नहीं हुई हैं, तो भी इनसे प्राप्त वस्तुएँ जहाँ एक ओर प्राचीनतम् काल से जुड़े रोचक तथ्य सामने लाती हैं, वहीं अन्यों की तुलना में भारतीयों की समृद्धि का भान कराती हैं। यही नहीं, वे परत-दर-परत नीचे की ओर खुदाइयों का आह्वान करती हैं, ताकि यहाँ के मानव के इतिहास को जाना जा सके। नृ-वैज्ञानिक तथा पुरातत्वविद् भारत और भारतीय उपमहाद्वीप में निवासकर्ता मनुष्य के कालक्रम को निर्धारित कर सकें। वे भारतीय सभ्यता की प्राचीनता बता सकें।

सभ्यता, संस्कृति और भारतीय मार्ग

भारतवासियों तथा भारतीय सभ्यता के उदय और विकासक्रम के अनेक रहस्यों से यवनिकाएँ उठाई जानी यद्यपि अभी शेष हैं, तो भी जो कुछ हमारे समक्ष है, जो कुछ भी ज्ञात है, उसके आधार पर मैं पुनः दोहराना चाहूँगा, भारत में अति प्राचीनकाल से ही मानव के वास होने की बात सत्य है।

भारत में प्राचीनकाल से ही समृद्ध और अनेक विशिष्टताओं से पुष्ट सभ्यता एवं संस्कृति के विद्यमान होने की बात भी सत्य है। इतिहास स्वयं इस सत्यता का साक्षी है। भारतीय संस्कृति को अनोखा और अनुकरणीय आयाम, तो भी, विशेष रूप से द्रविड़-आर्य संगम के दौरान मिला। उस संगम के परिणामस्वरूप भारतीय संस्कृति एक ओर समन्वयकारी संस्कृति के रूप में उभरी, तो दूसरी ओर अपनी मौलिकता को बनाए रखते हुए वह साझी बन गई। विशिष्टताओं से पुष्ट समन्वयकारी तथा साझी संस्कृति भारतीय जीवन की पहचान बन गई। विश्वभर के लोगों के आकर्षण का वह केन्द्र हो गई। समय-समय

पर अनेक उतार-चढ़ाव आए। लेकिन समन्वयकारी और साझी भारतीय संस्कृति स्थापित रही। वह भारत को अपनी विशिष्टताओं के बल पर पहचान देती रही। आज तक भी सामान्य भारतीय अपनी समन्वयकारी और साझी संस्कृति का अनुयायी है। वह इसका पोषक है। इसका रक्षक है। मैं ऐसा दृढ़ता के साथ मानता हूँ।

द्रविड़-आर्य-संगम के उपरान्त भारतीय संस्कृति में 'समन्वय' और 'साझ' नामक जो दो अभूतपूर्व, अतिविशिष्ट एवं आयाम-रूपी विशेषताएँ जुड़ीं, जो विश्व-धरातल पर भारत की पहचान बनीं, उन्होंने ही बाद के समय में संसार की अनेक अन्य सांस्कृतिक विशिष्टताओं के लिए भारत में द्वार खोले। मैं यह भी दृढ़तापूर्वक स्वीकार करता हूँ। ईसा पूर्व चौथी शताब्दी में भारतीय-यूनानी संस्कृति के सम्पर्क के उपरान्त यूनानी संस्कारों के भारत में प्रवेश की बात हो अथवा प्रथम शताब्दी ईसा पूर्व भारतीय-शक संस्कृति के सम्पर्क के बाद शक-संस्कारों के प्रवेश की, या इसी प्रकार प्रथम-तृतीय शताब्दी ईस्वीं के दौरान कुषाण-संस्कारों के प्रवेश की, समन्वय तथा साझ रूपी मौजूद विशिष्टताएँ इस हेतु उत्तरदायी रहीं। इसी प्रकार वे विशिष्टताएँ पाँचवीं-आठवीं शताब्दी की अवधि के दौरान हूण,[1] हेफताल[2] तथा अरब[3] संस्कृति एवं मध्यकाल में मंगोल तथा यूरोपीय संस्कृति की अनेक श्रेष्ठताओं के भारतीय संस्कृति में प्रवेश का मार्ग स्पष्ट कर सकीं। आज वे श्रेष्ठताएँ भारतीय संस्कृति का अभिन्न अंग हैं। वे किसी-न-किसी रूप में भारतवासियों के जीवन का भाग हैं।

वैदिक-हिन्दू-विचार

समन्वयकारी और साझी संस्कृति, जो भारत को विश्व में

विशिष्ट पहचान दिलाती है तथा जो भारतीयों के संस्कारों-व्यवहारों को वृहद्, विकसित और देशकाल की परिस्थितियों के अनुकूल बनाने का कार्य करती है, के निर्माण में हिन्दू-विचार का प्रमुख और महत्त्वपूर्ण स्थान रहा है।

हिन्दू-विचार, यदि मैं पूरी ईमानदारी से तथा अति संक्षेप में कहूँ, तो वैदिक-विचार, वैदिक-दर्शन अथवा वेद-निर्देशित जीवन-पद्धति है। इस विचार का वृहद् रूप से तथा तीव्र गति से भारतवासियों के जीवन में प्रसार, जैसा कि पहले कहा है, द्रविड़-आर्य-संगम के समय हुआ। वह समय ईसा से लगभग दो हजार वर्ष पूर्व का है। सार्वभौमिक स्वीकृति और सर्वकल्याण वैदिक-हिन्दू-विचार के केन्द्र में हैं।

निस्सन्देह, द्रविड़-आर्य-संगम से पूर्व भी भारत में एक उन्नत संस्कृति मौजूद थी। अहिंसा, विकासोन्मुखता तथा योजनाबद्धता सहित अनेक अन्य विशेषताएँ भारतीयों के संस्कारों में विद्यमान थीं। सिन्धु-घाटी की सभ्यता के समय के नगरों की खुदाइयों से प्राप्त वस्तुएँ, इस सत्यता की पुष्टि करती हैं। लेकिन, तो भी, उत्तर से दक्षिण तथा पूरब से पश्चिम तक के समस्त भारतीय परिक्षेत्र में बसने वालों में सामाजिक व धार्मिक सहित जीवन के दूसरे क्षेत्रों में भी एकरूपता नहीं थी। एकरूपता की स्थापना आर्यों के द्रविड़ों के साथ संगम के दौरान ही हुई। आर्यों के वेदों, प्रमुखतः ऋग्वेद में निर्दिष्ट विचार, जिन्हें बाद में हिन्दू-विचार के रूप में प्रसिद्धि प्राप्त हुई, की इस एकरूपता के निर्माण में निर्णायक भूमिका रही।

ऋग्वेद के प्रथम मण्डल के प्रथम सूक्त में ही तेज की पराकाष्ठा, ईश्वर, की अग्नि नाम से स्तुति द्वारा सर्वकल्याण की कामना एवं

मानव-एकता की चाह, वहाँ सार्वभौम स्वीकृति के केन्द्र में होने की पुष्टि करती है। इसी सूक्त में हिंसा-दोष से विरति[4], या दूसरे शब्दों में अहिंसा के विकास की तीव्रेच्छा, उन दो महान मूल्यों की द्योतक है, जो दिन-प्रतिदिन के मनुष्य के व्यवहारों में वैदिक विचार अथवा हिन्दू-विचार की पहचान बने; जो आज भी उनकी पहचान हैं तथा भविष्य में भी रहेंगे। वे दो महान मूल्य हैं: सहिष्णुता तथा सहनशीलता।

सहिष्णुता, प्रेम एवं सहयोग-भावना से ओत-प्रोत वह मानवीय व्यवहार है, जो केवल मनुष्य-मनुष्य के मध्य तक ही सीमित नहीं है। सहिष्णुता की परिधि में सम्पूर्ण प्राणिजगत् आता है। सहिष्णुता मानव को उच्चतम् नैतिक स्तर प्रदान करती है। यह सदाचार का विकास करती है। इसके माध्यम से मनुष्य दूसरे के दुख अथवा परपीड़ा की अनुभूति करता है। इस प्रकार, ऐसा करते हुए, मनुष्य अहिंसा को विस्तार प्रदान करता है। यदि हिन्दू-विचार के मात्र दो ही आधार स्तम्भ हों, तो उनमें से प्रथम सहिष्णुता है। बिना सहिष्णुता के कोई भी हिन्दू होने का दावा नहीं कर सकता। यदि कोई ऐसा करता है, तो मुझे कहने में कोई संकोच नहीं, वह मिथ्याचरण करता है।

सहनशीलता धैर्य की परिधि में है। यद्यपि इसमें भी सहिष्णुता की भाँति सहयोग-भावना है, लेकिन इसका मूल दूसरे के मत की स्वीकृति में है। दूसरे शब्दों में, अन्यों के मत अथवा विचारों को मान्यता देना, तथा उन्हें तब तक स्वीकार करना, जब तक वे अपने मत, विचारों अथवा कार्यों के आड़े नहीं आते हैं। सहनशीलता हिन्दू-विचार का दूसरा आधार स्तम्भ है। इसकी अनुपस्थिति में भी कोई अपने आप को हिन्दू नहीं कह सकता।

वह हिन्दू-विचार में व्याप्त सहनशीलता ही थी, जिसने संसार के समस्त महाद्वीपों के विभिन्न देशों के उन लोगों को समय-समय पर उदारतापूर्वक प्रश्रय दिया, जिनका स्वयं अपने महाद्वीप में, अपने देश में उत्पीड़न हुआ। यहाँ सैकड़ों वर्ष पूर्व उन यहूदियों को आश्रय मिला, जो रोमनों के अत्याचारों के समक्ष लाचार हुए; जो भारत-भूमि पर शरण लेने पहुँचे। भारत में स्पीतामा जरथुस्त्र के अनुयाइयों, पारसियों, को उस समय शरण प्राप्त हुई, जब वे अपने देश ईरान में अपनी स्वतंत्रता से वंचित हो गए। इस प्रकार शरण प्राप्तकर्ताओं की एक लम्बी सूची है। उस सूची में अनेकानेक शरणार्थी-कबीलों तथा मानव-समूहों के नाम हैं।

मुझे गर्व है कि भारत में हिन्दू-विचार तथा इसके प्रमुख आधार सहनशीलता की प्रधानता के कारण न केवल द्रविड़-आर्य-संगम है, अपितु शकों, कुषाणों, हूणों, यूनानियों, मंगोलों, तातारों, तुर्कों, अरबों तथा यूरोपियों का रक्त भी है। वह रक्त अब भारत की समन्वयकारी और साझी संस्कृति को सींचता है।

मुझे इस बात पर भी गर्व है कि भारत में विश्व में विद्यमान समस्त प्रमुख धर्म-सम्प्रदायों के अनुयाई बसते हैं। वे सभी भारत-भूमि पर अपने को सुरक्षित महसूस करते हैं। भारत की सहनशील प्रकृति के कारण वे अपने अस्तित्व के प्रति निश्चिंत हैं।

गाँधी, हिन्दू-विचार और भारतीय मार्ग

महात्मा गाँधी स्वयं एक महान भारतीय थे; वे श्रेष्ठ हिन्दू भी थे। भारतीय मार्ग, जिसमें सार्वभौम स्वीकृति केन्द्र में है तथा जो दिन-प्रतिदिन की सामान्य मानव-गतिविधियों में मन, वचन तथा कर्म से अहिंसा को

सर्वोच्च मूल्य के रूप में स्वीकार करता है, जिसमें हिन्दू-विचार का सहनशीलतावाला पक्ष प्रधान है, गाँधीजी के लिए न केवल सैद्धान्तिक पसन्द रहा, अपितु इसे व्यावहारिक रूप में भी उन्होंने अपने जीवन में उतारा।

हिन्दू-विचार में विकसित हुई सहनशीलता, जिसने उत्तरोत्तर संसार की उन समस्त सांस्कृतिक-सामाजिक श्रेष्ठताओं को अपनाया, जो भारत-भूमि पर इसका स्पर्श कर सकीं; तथा जिसने समान रूप में सभी, आम और खास, के लिए आत्माभिव्यक्ति की स्वतंत्रता के लिए द्वार खोलते हुए जीवन के विभिन्न क्षेत्रों में प्रगति के मार्ग को नए-नए आयाम दिए, महात्मा गाँधी के एक ओर सर्वाधिक आकर्षण का केन्द्र बनी, तो दूसरी ओर उनके राष्ट्रीय-अन्तर्राष्ट्रीय कार्यों का मूलाधार भी। हिन्दू-विचारों में सहनशीलता के सम्बन्ध में उन्होंने यहाँ तक कहा, "मुझे ज्ञात समस्त धर्मों में, हिन्दू सर्वाधिक सहनशीलतापूर्ण धर्म है। (बिना तर्क अथवा अन्धे रहकर) सिद्धान्त को स्वीकारने की हठधर्मिता से स्वतंत्रता प्रदान कर यह अपने अनुयायी की आत्माभिव्यक्ति के अधिक-से-अधिक द्वार खोलता है।"[5]

इतना ही नहीं, सहनशीलता के बल पर विकसित स्वीकृति की, जो समादर, अथवा दूसरों के विश्वास व मत के प्रति सम्मान का आह्वान करती है, भूरि-भूरि प्रशंसा करते हुए महात्मा गाँधी कहते हैं, "असहनशीलता से दूर, यह (हिन्दू-धर्म) अपने अनुयाइयों को न केवल अपने विश्वास का ही, अपितु अन्यों के आदर के लिए भी सक्षम बनाता है। साथ ही, अन्यों में जो अच्छाइयाँ हैं, उन्हें समान आदर देने एवं अपनाने का आह्वान भी करता है।"[6]

भारतीय मार्ग विश्व के अन्य देशों में विकसित विचारों तथा स्थापित-मार्गों को भी हीन नहीं मानता। हिन्दू-विचार समान रूप से अन्य मतों, विश्वासों, विचारों और मार्गों को न केवल अपने ही समकक्ष फलने-फूलने का अवसर देता है, अपितु उनके साथ सहयोग, सामंजस्य, समन्वय तथा संगम का आह्वान करता है, जैसा कि मैं पहले ही उल्लेख कर चुका हूँ। इतना ही नहीं, यह अपनी शीतल छत्रछाया में अन्यों को स्वयं पालने-पोसने का कार्य करता है; अपना संरक्षण प्रदान करता है; सुरक्षा देता है तथा अन्यों को अपनी परिधि में प्रवेश कराकर 'साझ' को निरन्तर विस्तृत करने का न्यौता देता है।

भारत का मार्ग सहनशीलता का है; अन्यों की श्रेष्ठताओं को स्वीकार कर उन्हें प्रतिष्ठित करना इसकी मूल भावना है। इसीलिए, एक महान भारतीय के रूप में, गाँधीजी ने शाश्वत, स्वाभाविक और प्रथम मानवीय मूल्य अहिंसा को समस्त धर्म-सम्प्रदायों की प्रमुख शिक्षाओं में तथा उन सम्प्रदायों के संस्थापकों के व्यवहारों में देखा; उन्होंने इसे सभी विश्वासों में पाया। इस सम्बन्ध में 20 अक्टूबर 1927 को उन्होंने स्पष्टतः यंग इण्डिया में लिखा, "सभी धर्मों में अहिंसा सामान्यतः मौजूद है।"

व्यावहारिक रूप में, विभिन्न धर्म-सम्प्रदायों में अहिंसा की मात्रा न्यूनाधिक प्रतीत हो सकती है। लेकिन अहिंसा शाश्वत है। यह स्वाभाविक मूल्य है। इसलिए कोई भी धर्म-सम्प्रदाय इससे अछूता नहीं रह सकता। कोई भी सच्चा धर्म-गुरु, पैग़म्बर, अवतार अथवा संस्थापक इससे पृथक नहीं हो सकता। न केवल बौद्ध शिक्षाएँ और गौतम बुद्ध, जैन-दर्शन व तीर्थंकर ही, अपितु ईसाइयत और ईसा मसीह एवं इस्लाम

तथा पैगम्बर मुहम्मद भी अहिंसा के प्रसारक रहे। इसीलिए, वे महान शान्ति-दूत भी रहे।

महात्मा गाँधी ने ईसा मसीह को श्रीराम, श्रीकृष्ण, स्पीतामा जरथुस्त्र और पैग़म्बर मुहम्मद की भाँति दैवीय माना।[7] उनकी शिक्षाओं को व्यापक जनकल्याणकारी तथा शान्ति व प्रगति के मार्ग को सुदृढ़, सुरक्षित तथा स्पष्ट करने वाली घोषित किया।

चूँकि महान धर्म-गुरुओं, अवतारों और पैग़म्बरों, वे धरा के किसी भी भाग में उत्पन्न हुए हों, के सन्देश तथा उनकी शिक्षाएँ, न्यूनाधिक, सम्पूर्ण मानवता के लिए रही हैं, इसलिए वे एक ओर, न्यूनाधिक, देशकाल की परिस्थितियों के अनुरूप सभी के लिए ग्राह्य तथा मार्गदर्शक सिद्ध हो सकती हैं तथा दूसरी ओर मानव-एकता अथवा सार्वभौमिक स्वीकृति का आधार बन सकती हैं। वे समन्वयवादी भारतीय मार्ग को सुदृढ़ कर सकती हैं; पूर्व में भी उन्होंने, न्यूनाधिक, ऐसा किया है। स्वयं भारतीय मार्ग के श्रेष्ठ अनुसरणकर्ता और व्याख्याता महात्मा गाँधी ने समय-समय पर इस वास्तविकता को स्वीकार किया है। 24 नवम्बर, 1927 को यंग इण्डिया के लिए अपने लेख में उन्होंने गौतम बुद्ध के सम्बन्ध में उल्लेख करते हुए कहा, "उन्होंने इसे विस्तार प्रदान किया; इसे एक नया जीवन व आयाम दिया।"

ईसाइयत की सेवा-भावना हो, अथवा सिक्खों की शूरवीरता, इस्लाम का आन्तरिक भाईचारा व एकेश्वरवाद में विश्वास,[8] ये सभी श्रेष्ठताएँ महात्मा गाँधी के आकर्षण और अनुसरण का विषय रहीं। इन सबके द्वारा भारतीय मार्ग को सुदृढ़ तथा व्यापक बनाए जाने की

कामना उन्होंने की। 21 मार्च, 1929 को यंग इण्डिया के अपने स्तम्भ में उन्होंने भारत की राष्ट्रीय संस्कृति के लिए इस्लाम के योगदान की चर्चा करते हुए कहा, "भारत की राष्ट्रीय संस्कृति के लिए इस्लाम का विशेष योगदान इसका एकेश्वरवाद में विशुद्ध रूप से विश्वास और उन लोगों के लिए व्यावहारिक भाईचारे की स्थापना की सत्यता है, जो इसकी परिधि में हैं, भले ही वे नाममात्र को ही इस परिधि के अन्तर्गत हों।"

अपनी उक्त बात को आगे बढ़ाते हुए तथा स्पष्ट करते हुए गाँधीजी ने कहा, "मैं इन दो (अर्थात एकेश्वरवाद में विशुद्ध विश्वास एवं व्यावहारिक भाईचारे की स्थापना की सत्यता) को विशेष योगदान कहता हूँ; ऐसा इसलिए, क्योंकि हिन्दू-दर्शन में भाईचारे की भावना अत्यधिक दार्शनिक रूप ले चुकी है।"[9]

गाँधीजी का संकेत स्पष्ट है। वे भारतीय मार्ग के मूलाधार, हिन्दू-विचार को, जिसे व्यावहारिक रूप में, तथा वास्तव में भी सहनशीलता का द्योतक होना चाहिए, अत्यधिक दार्शनिक पृष्ठभूमि से बाहर निकालकर उस सार्वभौमिक स्वीकृति के अनुकूल बनाना चाहते हैं, जिससे भारत की पहचान है। भारतीयजन जिसके लिए विश्वभर में जाने जाते हैं। इसके लिए यदि इस्लामी श्रेष्ठताओं से भी सीख ली जाए, तो इसमें क्या बुरा है? यह तो अच्छा ही है।

इसी प्रकार अपनी मौलिकता को बनाए रखते हुए, परिस्थितियों तथा समय की माँग के अनुरूप सामाजिक-धार्मिक क्षेत्रों के अतिरिक्त जीवन के अन्य क्षेत्रों में भी अन्यों से अच्छाइयाँ ग्रहण कर, यदि भारत व भारतीय मार्ग को सुदृढ़, समृद्ध व व्यापक बनाने का कार्य किया

जाता है, तो इसमें भी बुरा क्या है? यह तो शताब्दियों से चली आ रही भारतीय परम्परा है। यह भारत की समन्वयकारी और साझी संस्कृति का आधार है। इसी को गाँधीजी ने नया आयाम दिया और इस प्रकार भारत के गौरव में अभूतपूर्व वृद्धि की।

निष्कर्ष

परिवर्तन अपरिहार्य है। दूसरे शब्दों में, परिवर्तन नियम है। प्रत्येक उत्पत्ति या सांसारिक वस्तु परिवर्तन-नियम की परिधि में है। लेकिन प्रत्येक परिवर्तन को मानवोन्नति के अनुकूल व प्राणी-जगत् के हितार्थ बनाना स्वयं मानव का कार्य है। मनुष्य उचित निर्देशन में व सही मार्गदर्शन से ऐसा करने में सक्षम है। प्राचीनकाल हो या मध्यकाल, अथवा आधुनिककाल, जीवन के विभिन्न क्षेत्रों में, विभिन्न स्तरों पर और पृथ्वी के विभिन्न भागों में मानव ने ऐसा ही किया है। मैं इस सम्बन्ध में आज यहाँ किसी विस्तार में नहीं जाना चाहूँगा। प्राचीनकाल से ही मनुष्य के विकास-क्रम का लेखा-जोखा हमारे समक्ष है। इसी से इस सत्यता की पुष्टि की जा सकती है। साथ ही, इस वास्तविकता की भी पुष्टि की जा सकती है कि भारतीयों ने अपने समृद्ध-मार्ग के माध्यम से, जो सार्वभौमिक स्वीकृति को मान्यता प्रदान करता है, जिसमें व्यक्तिगत व्यवहारों का आधार सहिष्णुता है तथा जो व्यापक रूप से सहनशीलता का प्रसारक है, जो समन्वय एवं साझ जैसी विशिष्टताओं से भरपूर संस्कृति का पोषक है, इस दिशा में अग्रणी, अनुकरणीय तथा ग्राह्य भूमिका का निर्वाह किया है।

समय-समय पर भारतीय मार्ग के महान प्रतिनिधियों, जिन्होंने इसे देशकाल की परिस्थितियों और माँग के अनुरूप आयाम दिए, के

नेतृत्व में हिन्दुस्तानियों ने विश्व का पथ-प्रदर्शन किया। गौतम बुद्ध और महात्मा गाँधी भी उन्हीं महान प्रतिनिधियों में से थे। आज विश्व पुनः नए आयाम की ओर है। अभूतपूर्व विकास, जागृति तथा वैश्वीकरण के बढ़ते क्रम ने हमारे समक्ष ***'वसुधैव कुटुम्बकम्'*** की अवधारणा के साकार होने के चित्र प्रस्तुत कर दिए हैं। यह क्रम सर्वकल्याणकारी हो; सच्चे अर्थों वाली मानव-एकता इस प्रक्रिया द्वारा स्थापित हो, इसके लिए हमारा अपना उत्तरदायित्व भी है। हम अपने मार्ग को स्पष्ट करें। उसे स्वच्छ बनाएँ। विश्व में उसकी पुनर्स्थापना करें। हम ऐसा करने को आगे आएँगे, तो महात्मा गाँधी के सन्देश का अनुसरण करेंगे।

सन्दर्भ :

1. पाँचवी शताब्दी ईस्वीं के उत्तरार्ध में हूणों का भारत में प्रवेश हुआ। कारण कुछ भी हो, चूँकि मेरी इस चर्चा का उससे कुछ भी लेना-देना नहीं है, इसलिए मैं उस बिन्दु पर न जाते हुए यही उल्लेख करूँगा कि हूण और उनके साथ गुर्जर पाँचवी शताब्दी ईस्वी के उत्तरार्ध में भारतभूमि पर पहुँचे। दोनों वीर जातियाँ थीं। वे आर्यों के समान ही दक्ष थीं। दोनों जातियाँ परिश्रमी थीं। अपने आगमन के बाद अल्पावधि में ही उन्होंने उसी प्रकार भारतीय संस्कृति को एकाकार कर लिया, जिस प्रकार उनसे पूर्व आए यूनानियों, शकों व कुषाणों ने किया था। हूण और गुर्जर आज के कश्मीर, पंजाब, राजस्थान, उत्तर प्रदेश, मध्य प्रदेश, गुजरात, हरियाणा सहित सम्पूर्ण उत्तर-पश्चिम भारत में बस गए। उन्होंने न केवल भारतीयों के रीति-रिवाजों, व्यवहारों तथा संस्कारों को अपना लिया, अपितु अपनी सम्पूर्ण पहचान भारतीयों के रूप में स्थापित कर ली। यह अत्यधिक सुखद स्थिति थी। इतिहासकारों का एक वर्ग आज के भारतीय राजपूतों, जाटों व गुर्जरों को भी उन्हीं के वंशज मानता है। इनमें अनेक प्रसिद्ध और महान राष्ट्रवादी उत्पन्न हुए हैं। भारत की राजनीतिक एकता को अभूतपूर्व आयाम प्रदानकर्ता, दूसरे शब्दों में इसे विशालतम् स्तर पर संगठितकर्ता,

गुजरात के सिंह और भारत के सरदार, वल्लभभाई पटेल का सम्बन्ध भी उन्हीं हूणों-गुर्जरों की जातियों से होने का एक विचार है। 'बाम्बे-गजट' में ऐसी बात प्रकट होती है।

2. पाँचवीं शताब्दी ईस्वी के अन्तिम दशक में हेफतालों ने भी भारत पर आक्रमण कर इसकी धरती पर प्रवेश किया। लेकिन वे हूणों-गुर्जरों की भाँति प्रभावशाली नहीं रहे।
3. आठवीं शताब्दी ईस्वी में सिन्ध के माध्यम से, जो आज पाकिस्तान का एक प्रान्त है, अरब-संस्कृति का भारत में प्रवेश हुआ।
4. ऋग्वेद, 1-4 दयानन्द-भाष्य, दयानन्द संस्थान, नई दिल्ली। "अग्ने यं यज्ञमध्वरं विश्वतः परिभूरसि। स इद्देवेषु इच्छति।।" इस श्लोक का भावार्थ स्वामी दयानन्द ने इस प्रकार प्रस्तुत किया है, "हे परमेश्वर! आप सर्वव्याप्त होकर जिस हिंसा-दोषरहित विद्यादि पदार्थों के दान-रूप यज्ञ को सब प्रकार से करने वाले हैं, वही यज्ञ विद्वानों के मध्य में फैलकर जगत् को सुख प्राप्त करता है; तथा जो यह भौतिक अग्नि पृथिव्यादि पदार्थों के साथ अनेक दोषों से पृथक होकर, जिस विनाशादि दोषों से रहित शिल्प विद्यामय यज्ञ को सब प्रकार से सिद्ध करता है, वही यज्ञ अच्छे-अच्छे पदार्थों में प्राप्त होकर सब को कल्याणकारी होता है।"
5. मेरे सपनों का भारत (इं.), पृष्ठ 255
6. वही उपरोक्त।
7. हरिजन, 6 मार्च, 1937 (महात्मा गाँधी ने लिखा, "वह (ईसा) उसी प्रकार दैवीय हैं, जैसे कृष्ण और राम, अथवा मुहम्मद या जरथुस्त्र)।
8. यंग इण्डिया के 20 जनवरी, 1927 के अंक में गाँधीजी ने इस्लाम के सम्बन्ध में विशेष रूप से लिखा, "मेरी दृष्टि में इस्लाम ईसाइयत, बौद्ध अथवा हिन्दू धर्म की भाँति शान्ति का धर्म है। निस्सन्देह, मात्रा में अन्तर है, लेकिन अन्ततः इन (सभी) का उद्देश्य शान्ति (की स्थापना ही) है।"
9. यंग इण्डिया, 22 दिसम्बर, 1927

प्रयुक्त पुस्तक सूचीः

- एफ० मैक्समूलर और एच० ओल्डनबर्ग, वैदिक हैमन्स, प्रथम भाग, अटलांटिक, नई दिल्ली (भारत), 1990
- एम० के० गाँधी, आत्मकथा अथवा सत्य के प्रयोग, नवजीवन पब्लिशिंग हाउस, अहमदाबाद (भारत), 1957
- एम० के० गाँधी, नवजीवन (हिन्दी) साप्ताहिक, अहमदाबाद (भारत), 1919-31
- एम० के० गाँधी, यंग इण्डिया साप्ताहिक (1919-31), नवजीवन पब्लिशिंग हाउस, अहमदाबाद (भारत), द्वारा तेरह ख़ण्डों में पुनर्मुद्रित, 1984
- एम० के० गाँधी, हरिजन साप्ताहिक, हरिजन सेवक संघ के तत्त्वावधान में प्रकाशित, 1933-41; तदोपरान्त नवजीवन ट्रस्ट, अहमदाबाद (भारत), द्वारा प्रकाशित, 1942-48
- एम० के० गाँधी, हिन्द स्वराज्य (अंग्रेजी), नवजीवन पब्लिशिंग हाउस, अहमदाबाद (भारत), पुनर्मुद्रण, 1958
- मनुस्मृति (हिन्दी भाष्य), रणधीर, हरिद्वार, उत्तराखण्ड (भारत), द्वितीय संस्करण, 1988
- ऋग्वेद, सामवेद, यजुर्वेद तथा अथर्ववेद, सायण भाष्य, संस्कृति संस्थान, बरेली, उत्तर प्रदेश (भारत), संशोधित संस्करण, 1996
- स्वामी दयानन्द सरस्वती, ऋग्वेद, सामवेद, यजुर्वेद और अथर्ववेद (भाषा-भाष्य), दयानन्द संस्थान, नई दिल्ली (भारत), प्रकाशन वर्ष का उल्लेख नहीं।

●●●●

2

भारत, अहिंसा और गाँधी

"हिंसा के मध्य से अहिंसा-नियम की खोज करने वाले न्यूटन से कहीं बड़े बुद्धिमान थे। वे अपने आप में विलिंगटन से महान शूरवीर थे। शस्त्रों के प्रयोग को भली-भाँति जानते हुए भी उन्होंने इनकी निरर्थकता अनुभव की, तथा उन्होंने उकताए हुए विश्व को बताया कि उसकी मुक्ति हिंसा द्वारा नहीं, अपितु अहिंसा द्वारा ही सम्भव है। सक्रिय रूप में अहिंसा स्वेच्छापूर्वक कष्ट सहना है। इसका अर्थ बुराई करने वाले के समक्ष मूक आत्मसमर्पण न होकर, अत्याचारी की इच्छा के विरुद्ध अपने सम्पूर्ण आत्मबल को झोंक देना है।"

– महात्मा गाँधी

भारतः एक महान देश

भारत एक महान देश है। इसकी महानता केवल कहने भर को ही नहीं है। यह एक प्राचीन सभ्यतावाला देश है। इसकी हजारों वर्ष पुरानी समन्वयकारी तथा स्वभाव से साझी संस्कृति है। यही नहीं, भारत आध्यात्म, कला और विज्ञान के क्षेत्र में सारे संसार का गुरु स्वीकारा गया है। भारत ने विश्व को सार्वभौमिक स्वीकृति का महानतम्, अद्वितीय और ग्राह्य विचार दिया। इसने 'वसुधैव कुटुम्बकम्' का नारा दिया। इस देश ने ज्ञान के विभिन्न क्षेत्रों में बेजोड़ विद्वान दिए। एशिया के महाप्रकाश गौतम बुद्ध तथा अहिंसा के महानतम् प्रवर्तक तीर्थंकर महावीर जैसे सदा अनुकरणीय पथप्रदर्शक भारतभूमि पर ही उत्पन्न हुए।

भारत की महानता इस वास्तविकता में भी है कि इसकी भूमि विश्व की समस्त नरजातियों की निवास-स्थली बनी। भारतभूमि ने समय-समय पर संसार के विभिन्न भागों से आने वाले व्यक्तियों अथवा व्यक्ति-समूहों को शरण दी। भारतभूमि पर पहुँचने वालों का कोई भी धार्मिक विश्वास रहा हो, उनकी कुछ भी परम्पराएँ रही हों, उन्हें यहाँ बिना किसी भेदभाव के शरण प्राप्त हुई। उन्हें ससम्मान स्थाई रूप से बसने का अवसर मिला। परिणामस्वरूप वर्तमान में विश्व में विद्यमान छह प्रमुख धर्म-सम्प्रदायों[1] के अनुयायी भारत में निवास करते हैं। इसके अतिरिक्त कई अन्य धर्म-सम्प्रदायों के लोगों[2] का यहाँ वास है।

भारत में राष्ट्रभाषा हिन्दी के अतिरिक्त इक्कीस और भाषाओं को[3] संवैधानिक मान्यता प्राप्त है। पूरे देश में एक हजार छह सौ

अट्ठारह के लगभग भाषाएँ स्थानीय स्तर पर बोली जाती हैं। ये हीं आमजन के परस्पर व्यवहारों का प्रतिदिन का माध्यम हैं। भारत में मोटे तौर से मानव-जाति के छह वर्गों के लोग बसते हैं। यहाँ 29 बड़े त्यौहार मनाए जाते हैं। अन्ततः भारतभूमि पर बसने वाले सभी भारतीय हैं। वे भारतीय मार्ग के राही हैं।

भारतभूमि सबका स्वागत करती है। यहाँ अतिथि को ईश्वर-रूप माना जाता है। आतिथ्य सत्कार भारतीय मार्ग की एक विशिष्टता है। भारतभूमि पर स्थाई रूप से बसने का जो भी इच्छुक हुआ, उसे भी इसने सहर्ष ऐसा करने की अनुमति दी। प्रत्येक इच्छुक यहाँ बसा और अन्यों के समान ही विकास के मार्ग पर आगे बढ़ा। भारतभूमि की मान्यताओं से पूर्ण एकाकार करने वाले तो यहाँ इतने फलीभूत हुए कि वे सदा-सदा के लिए इसके ही हो गए। स्पीतामा जरथुस्त्र के अनुयायी, पारसी, इसका जीता-जागता उदाहरण हैं, यद्यपि उन्हें ईरान से भारतभूमि पर आए डेढ़ हजार वर्ष ही हुए हैं। लेकिन जो भारतभूमि की मान्यताओं से पूर्ण एकाकार नहीं कर पाए, यद्यपि वे भी भारतीय मार्ग के भाग तो बने, लेकिन वे आज तक भी अपने को यहाँ अलग-थलग पाते हैं। इतना ही नहीं, विकास की दिशा में भी ऐसे लोग आज अपने को अन्यों से पीछे पाते हैं। महान भारतभूमि पर बसकर प्रगति की चाह रखने वालों के लिए यह एक अच्छी शिक्षा भी है।

भारत और अहिंसा

भारत के महान बनने में, विशेषकर उस परिप्रेक्ष्य में जिसकी चर्चा मैंने अभी तक की है, स्वाभाविक, शाश्वत और प्रथम मानवीय मूल्य अहिंसा की भूमिका अति उल्लेखनीय रही है। अहिंसा ने

भारतीयों के जीवन को गति दी है। इसने दिन-प्रतिदिन के व्यवहारों को इस प्रकार निर्देशित किया है, जिससे मानव के अस्तित्व को प्रत्याभूति मिले; मानवीय व्यवहारों के संचालन की प्रक्रिया में अपरिहार्य संघर्षों का सहयोग में रूपान्तरण हो। इसने सहयोग की गति को नित नए आयाम दिए हैं, जिसका प्रत्यक्ष परिणाम विकास की अभूतपूर्व ऊँचाइयाँ हैं। अपने पूर्वजों के साथ ही हम सभी इस विकास के साक्षी हैं।

भारत और अहिंसा के सम्बन्ध में हम कुछ विशेष उल्लेख करें, उससे पहले, स्वयं अहिंसा के अभिप्राय को, इससे सम्बन्धित भारतीय अवधारणाओं को केन्द्र में रखकर जानने के साथ ही, इसके सन्दर्भ में कुछ स्पष्टीकरण आवश्यक है।

आइए! देखें सर्वप्रथम जैन-दर्शन को, जिसमें अहिंसा की सूक्ष्मतम् व्याख्या हुई है। स्वयं चौबीसवें तीर्थंकर वर्धमान महावीर ने अपने मानवीय व्यवहारों से अहिंसा को कठोर आचरण तथा आत्म-नियंत्रण का विषय बनाते हुए अद्वितीय आयाम दिया है। इसीलिए, मैंने उन्हें अहिंसा का महानतम् प्रवर्तक भी कहा है। जैन अहिंसा का सार है :

"हिंसा से सर्वथा निवृत्ति अहिंसा है।"[4]

स्पष्ट है, जैन-दर्शन अहिंसा को जो विस्तृत परिधि प्रदान करता है, उसमें सामान्यजन का पूर्णरूपेण प्रवेश अत्यधिक कठिन है। चूँकि यहाँ सूक्ष्मतम् हिंसा भी गणना का विषय है; प्रत्येक छोटी-से-छोटी हिंसा भी, भले ही वह जाने में हुई हो या अनजाने में, यहाँ पूर्णतः विचारणीय है, इसलिए जैन अहिंसा का व्यावहारिक अनुसरण हर किसी के लिए सम्भव नहीं है। जैन अहिंसा पूरी तरह नकारात्मक अवधारणा पर आधारित है, इसलिए भी यह सामान्यजन के लिए

कठोर बन जाती है। तीर्थंकर महावीर जैसे जगद्गुरु और युगपुरुष ही ऐसी सूक्ष्मतम् तथा कठोर अहिंसा को अपने जीवन में उतारकर आदर्श प्रस्तुत कर सकते हैं।

वैदिक-हिन्दू-दर्शन, जो वर्तमान में भी अधिकांश भारतवासियों के दिन-प्रतिदिन के व्यवहारों को निर्देशित करता है, और जिसका आधार वेद, प्रमुख रूप से ऋग्वेद है,[5] अहिंसा को दोषमुक्त धर्म स्वीकार करता है। यह धर्म श्रेष्ठता और कर्तव्य, दोनों, रूपों में स्थापित होता है। इसीलिए, सामान्यतः मन, वचन और कर्म से किसी के प्रति हिंसा न करने, एवं किसी के प्राण न लेने के साथ ही, न्याय हेतु हिंसा की स्वीकृति भी वैदिक-हिन्दू अहिंसा का आधार है।

बौद्ध-दर्शन मनुष्य को आत्मनियंत्रण का सन्देश तो उसी प्रकार देता है, जैसे जैन-दर्शन, लेकिन अहिंसा के पालनार्थ वह कड़े निर्देश का पक्षधर नहीं है। कायिक नियंत्रण, वाणी-क्रोध-नियंत्रण व मस्तिष्क-नियंत्रण, वास्तव में श्रेष्ठ रूप से हिंसा पर नियंत्रण के उपाय हैं, तथा इस प्रकार ये अहिंसा के विकास के श्रेष्ठ माध्यम हैं। गौतम बुद्ध ने इन्हीं पर बल देते हुए अहिंसा के विकास का मानव का आह्वान किया है। उन्होंने व्यापक मैत्री और दया के संयोग से निर्मित होने वाली करुणा को अधिकाधिक सम्भव मानवीय व्यवहारों का आधार बनाकर भी अहिंसा के विकास का अतिश्रेष्ठ सन्देश दिया है।

भारत में ही एक अन्य प्रमुख धर्म-दर्शन का भी उदय हुआ।[6] इस दर्शन को सिक्ख-दर्शन के नाम से जाना जाता है। इसके अनुयायी सिक्ख (शिष्य) कहलाते हैं। चूँकि सिक्ख-दर्शन की स्थापना भी पूर्णतः भारतीय परम्पराओं की परिधि में हुई; इसके संस्थापक और विकासकर्ता[7]

वैदिक दर्शन और वैदिक-हिन्दू धर्म सम्प्रदाय के अनुयाइयों से सम्बद्ध रहे थे, इसलिए यह दर्शन भी बौद्ध-दर्शन और गौतम बुद्ध की भाँति ही वैदिक हिन्दू-दर्शन से प्रभावित हुए बिना नहीं रह सकता था। इसीलिए, यह प्रभावित हुआ। साथ ही, इस दर्शन में भी अहिंसा को उसका योग्य स्थान मिला। परन्तु उसका ढंग वैसा ही रहा जैसा कि बौद्ध-दर्शन में। गौतम बुद्ध की ही भाँति स्वयं के आचरणों को शुद्ध व नियंत्रित करने, और साथ ही मानव-एकता के सिद्धान्त के आधार पर दिन-प्रतिदिन के व्यवहारों में अहिंसा के विकास का आह्वान यहाँ उजागर हुआ। जिस प्रकार विद्यमान परिस्थितियों में करुणा को केन्द्र में रखकर गौतम बुद्ध ने अहिंसा के विकास का सन्देश दिया, उसी प्रकार सिक्ख-दर्शन के संस्थापक गुरु नानक देव ने परस्पर मेल को केन्द्र में रखकर इसके विकास का आम तथा खास, सभी का, आह्वान किया।

उक्त चारों प्रमुख दर्शनों की, जो भारत में स्थापित व विकसित हुए और जिन्होंने भारत को महान बनाने में अपनी-अपनी भूमिका का निर्वाह करने के साथ ही भारतीय मार्ग को सुदृढ़ता प्रदान की, अहिंसा के सम्बन्ध में सामान्य रूप से जो एकमतता है, उसके अन्तर्गत :

1. अहिंसा की परिधि में न केवल मनुष्य ही, अपितु सम्पूर्ण प्राणिजगत् आता है;

2. शाश्वत, स्वाभाविक और सर्वप्रमुख मूल्य होने के बावजूद, अहिंसा देशकाल की परिस्थितियों के अनुरूप, अथवा समय की माँग के अनुसार भी, व्यवहार का विषय है;

3. अहिंसा सक्रिय मूल्य है; इसका कायरता से कोई सम्बन्ध नहीं है तथा यह सक्षम का आभूषण है; एवं

4. अहिंसा सिद्धान्त व व्यवहार, दोनों ही दृष्टिकोण से, किसी विशेष अवसर पर लागू होने का विषय न होकर सार्वकालिक है।

अहिंसा और गाँधी

उक्त चारों बिन्दु, जो भारत में स्थापित और विकसित चारों प्रमुख दर्शनों–जैन, वैदिक-हिन्दू, बौद्ध एवं सिक्ख-में अहिंसा के सम्बन्ध में लगभग एकमतता से विद्यमान रहे हैं, महात्मा गाँधी की अहिंसा-सम्बन्धी अवधारणा में सहज ही प्राप्त हो जाते हैं। मैं तो यहाँ तक कहूँगा कि महात्मा गाँधी के विचारों एवं कार्यों में, निस्सन्देह जिनका आधार ही अहिंसा है, उक्त चारों बिन्दु स्पष्टतः विद्यमान हैं। महात्मा गाँधी भारत की अहिंसा-सम्बन्धी समस्त अवधारणाओं में श्रेष्ठ समन्वय करते हुए दृष्टिगोचर होते हैं।[8] इसका अभिप्राय यह हुआ कि गाँधीवादी अहिंसा भारतीय अहिंसा का श्रेष्ठ परिचय है। भारतीय अहिंसा को जानना और समझना हो, तो महात्मा गाँधी की अहिंसा से साक्षात्कार करना चाहिए।

न्यूटन और विलिंगटन से महान उन ऋषियों को मानने वाले, जिन्होंने प्रारम्भिककाल में ही अहिंसा-नियम की खोज की, महात्मा गाँधी ने अहिंसा को सक्रिय बल घोषित किया।[9] अहिंसा बुराई करने वाले के समक्ष चुपचाप समर्पण न होकर, अत्याचारी की इच्छा के विरुद्ध सम्पूर्ण आत्मबल को झौंकना है। अत्याचारी के अत्याचार पर विजय प्राप्त करना है, अथवा बुराई करने वाले की बुराई से उसे हटाना है। गाँधीजी ने बारम्बार इस सत्यता को उजागर किया। सैद्धान्तिक ही नहीं, अपितु व्यावहारिक रीति से अनेक अवसरों पर उन्होंने इसे सिद्ध करके दिखाया। सम्पूर्ण मानव-विश्व को अपने अहिंसा-आधारित प्रयोगों से उन्होंने स्तब्ध कर दिया।

विश्व में अनेक की यह धारणा रही थी कि अहिंसा गुफाओं में रहने वाले साधुओं-सन्यासियों तक सीमित विषय है। ऐसे लोगों का यह भी मानना रहा था कि अहिंसा व्यक्तिगत व्यवहारों का विषय है, तथा यह धार्मिक क्षेत्र में प्रयोग में लाए जाने हेतु ही उपयुक्त है। गाँधी ने इस धारणा को तोड़ा। राजनीतिक क्षेत्र में इसे प्रयुक्त करके उन्होंने स्पष्ट किया कि अहिंसा समस्त स्तरों-व्यक्तिगत, सामुदायिक, सामाजिक, राष्ट्रीय और अन्तर्राष्ट्रीय-पर सफलतापूर्वक प्रयुक्त हो सकती है, यदि प्रयुक्तकर्ता की भावना स्पष्ट हो, उसमें ईमानदारी हो।

महात्मा गाँधी ने केवल एक व्यक्ति द्वारा भी, स्पष्ट भावना तथा ईमानदारी की शर्त के साथ, अहिंसा द्वारा अन्याय के विरुद्ध संघर्ष करने की स्थिति में, विश्व की सबसे अधिक शक्तिशाली मानी जाने वाली क्रूर सत्ता को झुका देने की बात की।[10] अपने स्वयं के अहिंसक प्रयोगों द्वारा इस बात को उन्होंने, न्यूनाधिक, सही सिद्ध करके भी दिखाया। उन्हीं के नेतृत्व में पच्चीस वर्षों का भारत का स्वाधीनता संग्राम[11] पुष्टि के लिए हमारे समक्ष है ही।

वास्तव में, सम्पूर्ण मानव-इतिहास में पहली बार महात्मा गाँधी ने अहिंसा को सिद्धान्त एवं व्यवहार में एक नया आयाम देते हुए आमजन से उसे जोड़ने का कार्य किया। उन्होंने देशकाल की परिस्थितियों के अनुरूप अहिंसा को ऐसे साधन के रूप में स्थापित किया, जो राजनीतिक क्षेत्र में भी पूर्णतः कारगर हो। ऐसा करते हुए उन्होंने इसके अभिप्राय, अर्थात 'मन, वचन और कर्म से अहिंसा-पालन'[12] को सर्वोच्च रखते हुए भी, अन्ततः इसकी कसौटी, 'कृत्य के पीछे रही भावना'[13] को बनाया। ऐसा करके उन्होंने उस भ्रान्ति को मिटाने का

प्रयास किया, जिसमें अहिंसा अत्यधिक कठोर व्रत के समान प्रतीत होती है; जिसमें यह प्रायः आमजन की पहुँच से बाहर का विषय लगती है।

महात्मा गाँधी ने अहिंसा की शाश्वतता का खुलासा किया। इसकी स्वाभाविकता को आमजन के समक्ष उन्होंने रखा। उन्होंने मानव-विश्व से सामान्यतः और भारतीयों से विशेषतः[14] यह अपेक्षा की कि वे वीरों की भाँति अहिंसा का अधिकाधिक सम्भव विकास करें। वे इसे अपने दैनिक व्यवहारों में उतारें, तथा ऐसा करते हुए न केवल अपनी स्वतंत्रता ही सुनिश्चित करें, अपितु संसार के प्रत्येक नागरिक के लिए स्वाधीनता के द्वार खोलें।

भारतवासी, वास्तव में, ऐसा करने में सक्षम भी रहे हैं। सम्पूर्ण इतिहास इस वास्तविकता का साक्षी है। भारतीयों में आज भी ऐसी क्षमता विद्यमान है। अहिंसा के प्रति भारतीयों की कटिबद्धता और प्रतिबद्धता इसका प्रमुख कारण है। स्वयं गाँधीजी का यही अनुभव रहा था। उन्होंने इसीलिए कहा भी थाः

"भारत मुझे आकर्षित करता है। भारत में वह सब कुछ है, जिसकी एक व्यक्ति को अधिकाधिक इच्छा या आवश्यकता हो सकती है।"[15]

फिर प्राचीन सभ्यता वाले देश भारत का सम्पूर्ण विश्व में अपना पृथक स्थान रहा है। आज भी इसका अपना विशिष्ट स्थान है, और साथ ही निर्वहन हेतु अपनी भूमिका है। निस्सन्देह, शाश्वत और स्वाभाविक मूल्य अहिंसा को, जिसे महात्मा गाँधी ने कल्याणकारी अस्त्र भी कहा है, केन्द्र में रखकर ही भारत को आगे बढ़ना है। भारत को

अपनी भूमिका का निर्वहन करते हुए, विश्व को नेतृत्व प्रदान करना है। गाँधीजी के निम्नलिखित सन्देश को दृढ़तापूर्वक मस्तिष्क में बैठाकर सही अर्थों में 'वसुधैव कुटुम्बकम्' की अवधारणा को साकार करना है।

"मेरा मानना है कि भारत का मिशन दूसरों से भिन्न है। भारत संसार की धार्मिक सर्वोच्चता के लिए उपयुक्त है। जिस प्रकार स्वेच्छापूर्वक भारत शुद्धीकरण की प्रक्रिया से गुजरा है, उसकी संसार भर में कोई तुलना नहीं है। भारत को फ़ौलादी अस्त्रों की आवश्यकता नहीं है। इसने दैवीय अस्त्रों के माध्यम से लड़ाई लड़ी है, यह अभी भी ऐसा कर सकता है। दूसरे देश पाशुविक शक्ति के पुजारी रहे हैं... (लेकिन) भारत आत्मबल द्वारा विजय प्राप्त कर सकता है। इतिहास में अनेक ऐसे उदाहरण हैं, जो सिद्ध करते हैं कि आत्मबल के समक्ष पाशुविक शक्ति कुछ नहीं है। इस सम्बन्ध में कवियों ने गाया है तथा मनीषियों ने अपने अनुभवों का उल्लेख किया है।"[16]

सन्दर्भ:

1. वैदिक-हिन्दू, मुस्लिम, सिक्ख, ईसाई, बौद्ध एवं जैन।
2. जैसे कि पारसी (जरथुस्त्री) यहूदी, कन्फूशी तथा बाहायी।
3. असमिया, बंगाली, बोडो, डोगरी, गुजराती, कन्नड़, कश्मीरी, कोंकणी, मैथिली, मणिपुरी, मलयालम, मराठी, नेपाली, उड़िया, पंजाबी, सन्थाली, संस्कृत, सिन्धी, तमिल, तेलुगू एवं उर्दू।
4. गाँधी और अहिंसा, पृष्ठ 30
5. जो विश्व का प्राचीनतम् ग्रन्थ है, जो सार्वभौमिक स्वीकृति का महानतम् स्रोत है, तथा जिसके प्रथम मण्डल के प्रथम सूक्त सहित अन्य मण्डलों के विभिन्न सूक्तों में भी अहिंसा का उल्लेख है।
6. भारत के पंजाब प्रान्त में उत्पन्न गुरु नानक देव ने पन्द्रहवीं-सोलहवीं शताब्दी ईस्वी में सिक्ख-दर्शन तथा धर्म-सम्प्रदाय की नींव रखी।

7. विशेषकर नौ अन्यः गुरु अंगददेव, गुरु अमर दास, गुरु राम दास, गुरु अर्जुन देव, गुरु हर गोबिन्द, गुरु हर राय, गुरु हर किशन, गुरु तेग बहादुर तथा गुरु गोबिन्द सिंह।
8. यदि इस सम्बन्ध में और आगे बढ़ा जाए, तो निश्चित रूप से गाँधीजी की अहिंसा विश्वभर की इससे सम्बन्धित सभी अवधारणाओं-वे पूरब से हों या पश्चिम से, वे प्राचीनकाल से हों या मध्यकाल से, वे समकालीन हों अथवा आधुनिक, में समन्वय करती है। प्रत्येकजन को अपनी कल्पना की अहिंसा की झलक गाँधीवादी अहिंसा में मिलेगी।
9. यंग इण्डिया के अपने स्तम्भ में 11 अगस्त, 1920 को गाँधी ने लिखा, "हिंसा के मध्य से अहिंसा-नियम की खोज करने वाले न्यूटन से कहीं बड़े बुद्धिमान थे। वे अपने आप में विलिंगटन से महान शूरवीर थे। शस्त्रों के प्रयोग को भली-भाँति जानते हुए भी उन्होंने इनकी निरर्थकता अनुभव की, तथा उन्होंने उकताए हुए विश्व को बताया कि उसकी मुक्ति हिंसा द्वारा नहीं, अपितु अहिंसा द्वारा ही सम्भव है। सक्रिय रूप में अहिंसा स्वेच्छापूर्वक कष्ट सहना है। इसका अर्थ बुराई करने वाले के समक्ष मूक आत्मसमर्पण न होकर, अत्याचारी की इच्छा के विरुद्ध अपने सम्पूर्ण आत्मबल को झोंक देना है।"
10. स्वयं उन्हीं के शब्दों में, "इस... नियम के अन्तर्गत कार्य करते हुए, एक व्यक्ति के लिए अपने, अपने धर्म के अथवा अपनी आत्मा के सम्मान की रक्षा के लिए शक्तिशाली से शक्तिशाली समझे जाने वाले अन्याय के प्रतीक साम्राज्य की अवज्ञा करना सम्भव है। तथा, इस प्रकार, उस साम्राज्य के पतन की या पुनर्जीवन की नींव रख देना भी सम्भव है।
11. वर्ष 1917 एवं 1942 के मध्य की अवधि के दौरान।
12. 'मनसा वाचा कर्मणा'।
13. अन्ततः कृत्य के पीछे रही भावना ही "हिंसा अथवा अहिंसा की कसौटी है", गाँधीजी का ऐसा मानना रहा है।

14. इस सम्बन्ध में महात्मा गाँधी ने यहाँ तक कहा कि "मैं भारत के लिए अहिंसा की वकालत इसलिए नहीं करता हूँ, क्योंकि यह दुर्बल है। मैं इसके द्वारा अहिंसा का प्रयोग अपनी शक्ति और बल का इसके द्वारा भान हो जाने की स्थिति में चाहता हूँ। अपनी शक्ति को जानने के लिए भारत को अस्त्रों-शस्त्रों के प्रशिक्षण की आवश्यकता नहीं है। हमें इसकी आवश्यकता इसलिए प्रतीत होती है, क्योंकि हम सोचते हैं कि हम मांस का एक पिण्ड हैं। मैं चाहता हूँ कि भारत अनुभव करे कि उसके पास एक आत्मा है, जिसका विनाश नहीं हो सकता तथा जो किसी प्रकार की भी कायिक दुर्बलता पर विजय प्राप्त करते हुए, समस्त संसार की भौतिक संरचना की अवज्ञा कर सकती है।"
15. यंग इण्डिया, 21 फरवरी, 1929 (इस सम्बन्ध में 5 फरवरी 1925 को भी यंग इण्डिया में उन्होंने लिखा था, "कुछ त्रुटियों व कल्पनाओं के आधार पर बढ़ा-चढ़ाकर बताने जाने के बावजूद वास्तव में भारत संसार के उन राष्ट्रों में से है, जिन्होंने अपनी प्राचीन संस्थाओं को बचा कर रखा है। भारत ने त्रुटियों और कल्पनाओं से बाहर निकलने की स्वाभाविक क्षमता भी दिखाई है। आर्थिक समस्याओं से, जिनका करोड़ों भारतीय आज सामना कर रहे हैं, मुक्त होने की सम्भावनाएँ मुझे दिखाई पड़ रही हैं।")
16. **मेरे सपनों** का भारत, पृष्ठ 3

प्रयुक्त पुस्तक सूचीः

- एण्ड्रूज, सी० एफ०, महात्मा गाँधीज आइडियाज, जार्ज ऐलन, लन्दन (यू० के०), 1929
- एम० के० गाँधी, आत्मकथा अथवा सत्य के प्रयोग, नवजीवन पब्लिशिंग हाउस, अहमदाबाद (भारत), पुनर्मुद्रण, 1957
- एम० के० गाँधी, मेरे सपनों का भारत, नवजीवन पब्लिशिंग हाउस, अहमदाबाद (भारत), 1957 तथा पुनर्मुद्रण, 1999

- एम० के० गाँधी, यंग इण्डिया साप्ताहिक (1919-31), नवजीवन पब्लिशिंग हाउस, अहमदाबाद (भारत), द्वारा तेरह खण्डों में पुनर्मुद्रित, 1984
- एम० के० गाँधी, हरिजन साप्ताहिक, हरिजन सेवक संघ के तत्त्वावधान में प्रकाशित, 1933-41; तदोपरान्त नवजीवन ट्रस्ट, अहमदाबाद (भारत), द्वारा प्रकाशित, 1942-48
- डब्ल्यू० बी० गैली, फलॉसफर्स् ऑफ पीस ऐण्ड वार, कैम्ब्रिज यूनिवर्सिटी प्रेस (यू० के०), 1978
- भवन्स जरनल, भारतीय विद्याभवन, मुम्बई (भारत), खण्ड–54, संख्या–17, अप्रैल 15, 2008
- रवीन्द्र कुमार, गाँधीयन थॉटः एन ओवरव्यू, ज्ञान पब्लिशिंग हाउस, नई दिल्ली (भारत), 2006
- रवीन्द्र कुमार, गाँधीयन थॉटः न्यू वर्ल्ड, न्यू डायमेंशंस, कल्पाज़ पब्लिकेशंस, नई दिल्ली (भारत), 2008
- रवीन्द्र कुमार, महात्मा गाँधी और अहिंसा, कल्पाज़ पब्लिकेशंस, नई दिल्ली (भारत), 2007
- रवीन्द्र कुमार, रिलिजन ऐण्ड वर्ल्ड पीस, ज्ञान पब्लिशिंग हाउस, नई दिल्ली (भारत), 2007

3

भारत, शान्ति-सम्बन्धी इसकी अवधारणा और गाँधी

"यदि मैं अपने देश के लिए स्वतंत्रता चाहता हूँ, तो विश्वास कीजिए, मैं ऐसी स्वतंत्रता नहीं चाहता जिसके माध्यम से सम्पूर्ण विश्व की बीस प्रतिशत जनता वाले देश द्वारा किसी अन्य देश का अथवा किसी एक भी व्यक्ति का शोषण हो। यदि मैं ऐसी स्वतंत्रता चाहता हूँ, तो प्रत्येक–दुर्बल या बलशाली के लिए समानतः ऐसी ही स्वतंत्रता के अधिकार को मान्यता न देने के कारण, मैं उसका अधिकारी भी नहीं हूँ।"

– महात्मा गाँधी

विश्व-इतिहास में भारत की स्थिति

विश्व-इतिहास के पृष्ठों से गुजरें, तो हम पाएँगे कि प्राचीनकाल से ही भारत की स्थिति अनोखी और अद्वितीय रही है। विभिन्नता में एकता वाले इस देश में गत हजारों वर्षों से सक्रिय मानव-गतिविधियाँ रही हैं; भारतीयजन उत्साह से भरे रहे हैं। वे संघर्ष व सहयोग की अनिवार्यता से गुजरते हुए विकास की दिशा को एक के बाद दूसरा आयाम देते रहे हैं। साथ ही, अहिंसा के एक अति व्यावहारिक पक्ष 'समन्वय' को सुदृढ़ करते हुए विश्वजन का ध्यानाकर्षित करते रहे हैं, और अन्ततः शान्ति का ग्राह्य सन्देश सभी आम और खास तक पहुँचाते रहे हैं।

विश्व-इतिहास के पृष्ठ भारत में अन्य देशों से समय-समय पर शान्ति की चाह रखने वालों के आगमन के साक्षी भी हैं। न केवल यूनानी और चीनी ही, अपितु अनेक अन्य भी भारत के शान्ति-सम्बन्धी दृष्टिकोण से प्रभावित होकर यहाँ पहुँचे। वे महीनों तथा वर्षों तक यहाँ रहे और अन्ततः भारत के शान्ति-सम्बन्धी ग्राह्य व कल्याणकारी सन्देश को लेकर अपने-अपने देशों को वापस गए।

चीनी यात्रियों- फाह्यान,[1] सुंग-युन,[2] हुएन-सांग[3] अथवा इ-त्सिंग[4] या यूनानी यात्रियों- मैगस्थनीज,[5] हिप्पलुस[6] व कोसमस[7] के साथ ही अन्य अनेक यात्रियों का भी नालन्दा, तक्षशिला, विक्रमशिला व वाराणसी जैसे विश्व-प्रसिद्ध शिक्षा-केन्द्रों पर आगमन हुआ। प्राचीनकाल में ही दक्षिणी और दक्षिण-पूर्वी, मध्य और मध्य-पूर्वी एशिया से सैंकड़ोंजन भारत पहुँचे। भारतीय दर्शन, भारतीय ज्ञान और भारतीय

मार्ग, जो सार्वभौमिक स्वीकृति पर आधारित है, साधन के रूप में अहिंसा जिसके केन्द्र में है और शान्ति प्राप्ति जिसका लक्ष्य है, आगन्तुकों की प्रेरणा का स्रोत रहा। आगन्तुकों ने अपने भारत-भ्रमण और प्रवास के दौरान यहाँ की शान्ति-सम्बन्धी अवधारणा से साक्षात्कार किया। वे इसकी गहराई में गए। उन्होंने इसे अद्वितीय तथा ग्राह्य पाया।

शान्ति-सम्बन्धी दृष्टिकोण

शान्ति की निरन्तर खोज और इसकी प्राप्ति, जो भारतीय दर्शन और ज्ञान-मार्ग का लक्ष्य है तथा जो समय-समय पर विश्व के विभिन्न भागों के लोगों के आकर्षण का केन्द्र रही, एवं जैसा पहले ही कहा है, जिसका साधन सबसे महान मूल्य अहिंसा है, वास्तव में है क्या? दूसरे शब्दों में, भारत की शान्ति-सम्बन्धी अवधारणा है क्या? यह प्रश्न उन सभी के लिए, जो इसमें रुचि रखते हैं, जिज्ञासापूर्ण है; यह उनके विश्लेषण का विषय भी है। इसे वे भली-भाँति जानना तथा समझना चाहते हैं। इसीलिए, आइए! इसकी चर्चा करें।

भारत के शान्ति-सम्बन्धी दृष्टिकोण की जड़ों को हजारों वर्ष पूर्व विकसित सार्वभौमिक स्वीकृति वाले उस महान सिद्धान्त में स्पष्टतः देखा जा सकता है, जिसका स्रोत वेद तथा वैदिक ग्रन्थ, विशेषकर उपनिषद् हैं। इस दृष्टिकोण के विकास को अहिंसा और इसकी पूरक मान्यताओं, जैसे कि करुणा को केन्द्र में रखकर मानव-जीवन को निर्देशित करने वाले दर्शनों में भी देखा जा सकता है। उसी प्रकार भारत में विकसित अथवा अन्य देशों से भारत भूमि पर पहुँचे अनेक दर्शनों ने भी, न्यूनाधिक, देशकाल की परिस्थितियों में भारत के शान्ति-सम्बन्धी दृष्टिकोण को बल दिया है।

भारत के शान्ति-सम्बन्धी मूल दृष्टिकोण, दूसरे शब्दों में इससे सम्बन्धित वैदिक दृष्टिकोण[8] के अनुसार शान्ति कोई ठहरी हुई वस्तु या भावना नहीं है। यह निष्क्रियता से भी जुड़ी हुई नहीं है। साथ ही इसमें विवशता जैसी कोई बात नहीं है। विपरीत इसके, शान्ति गतिशील, बलमयी और सक्रिय है। यह जनशक्ति को वह आयाम प्रदान करती है, जहाँ से बाधामुक्त होकर वह प्रगति की ओर सुनिश्चित कदम रखती है। शान्ति उत्साह उत्पन्न करती है। व्यक्तिगत विकास से आगे बढ़कर कुछ और करने के लिए यह प्रेरित करती है। अन्ततः 'लक्ष्य प्राप्त हो', भारत के शान्ति-सम्बन्धी दृष्टिकोण का सार इस वास्तविकता में है।

जैसा कि मैंने कहा है, शान्ति ठहराव की स्थिति नहीं है तथा निष्क्रियता और विवशता इसमें नहीं है, इसीलिए, यह मानव-जीवन के सभी क्षेत्रों में प्रत्येक स्तर पर उत्पन्न विपरीत स्थिति को अनुकूल बनाने का साहस भी प्रदान करती है। यह वास्तविक विकास का मार्ग स्पष्ट करती है। जो शान्ति की स्थिति को निष्क्रियता से जोड़कर देखते हैं, जो शान्ति को ठहराव के अर्थ में लेते हैं, अथवा जो इसमें विवशता की बात करते हैं, वे सही नहीं हैं। वे, वास्तव में, ऐसा करते हुए अपने बचकानेपन का परिचय देते हैं। ऐसे लोग, मुझे कहने में तनिक भी संकोच नहीं है, न तो शान्ति के सामान्य अभिप्राय से और न ही भारत की शान्ति-सम्बन्धी अवधारणा से परिचित हैं।

भारतीय अवधारणा के अनुसार शान्ति के निर्माण और विकास का मूल स्रोत स्वयं व्यक्ति है। व्यक्ति ही इसका प्रथम केन्द्र है। सर्वप्रथम व्यक्ति की गतिविधियाँ, क्रियाएँ अथवा व्यवहार शान्ति के निर्माण एवं

विकास हेतु प्रथमतः उत्तरदायी होती हैं। व्यक्तिगत से सामूहिक रूप इसका बढ़ता चरण है। दूसरे शब्दों में, यह इसका दूसरा चरण है। इस प्रक्रिया के निरन्तर आगे बढ़ने की सदैव सफल सम्भावनाएँ रहती हैं। सामूहिक से सामाजिक, राष्ट्रीय एवं अन्तर्राष्ट्रीय स्तर तक चरणबद्ध रूप में यह प्रक्रिया आगे बढ़ती है। अन्ततः 'वसुधैव कुटुम्बकम्' की भारतीय अवधारणा इसके माध्यम से साकार हो सकती है, जो शान्ति-प्रक्रिया का एक श्रेष्ठ पड़ाव है, और जो एक ध्येय के रूप में भारतीय दर्शन तथा मार्ग में विशिष्ट स्थान रखती है।

व्यक्ति के शान्ति के निर्माण और इसके विकास का मूल स्रोत होने, अथवा इसके इस प्रक्रिया में प्रथम केन्द्र होने की अवधारणा को भारतीय दर्शन के 'कर्म' और 'फल' के सिद्धान्त से सम्बद्ध करके भी देखा जा सकता है। भारतीय दर्शन की समस्त प्रमुख शाखाओं-वैदिक -हिन्दू, जैन, बौद्ध अथवा सिक्ख-में जैसा कि सर्वविदित है, व्यक्ति ही कर्मों का केन्द्र है। वह अपने कर्मों के अनुसार ही अच्छे या बुरे फल पाता है। सही दिशा वाले व्यक्ति के कर्म शान्ति का निर्माण करते हैं; वे इसका विकास करते हैं, और इसकी प्रक्रिया को विस्तार प्रदान करते हैं। यही विस्तार शान्ति के बढ़ते चरण हैं, जिनके सम्बन्ध में पहले चर्चा की गई है।

गाँधीः एक अग्रणी शान्ति दूत

महात्मा गाँधी विश्व-इतिहास के उन प्रमुख महापुरुषों में से हैं, जिन्हें अग्रणी शान्तिदूत का सम्मान प्राप्त है। गाँधी भारत में तीर्थंकर महावीर, गौतम बुद्ध अथवा गुरु नानक देव के समकक्ष शान्तिदूत के रूप में प्रतिष्ठित हैं। वे विश्वभर में सत्य और अहिंसा की खोज में

संलग्न ऐसे श्रेष्ठ मानव के रूप में जाने जाते हैं, जिनका लक्ष्य शान्ति की स्थापना रहा है। उन्हें रोमां रोलां जैसे व्यक्ति ने दूसरा ईसा मसीह घोषित किया।[9]

वे अलबर्ट आइंस्टीन जैसे वैज्ञानिक की दृष्टि में कल्पना के सर्वोच्च सभ्य समाज के उच्चतम शिखर पर विराजमान व्यक्ति थे। वे क्रूरता का पटाक्षेप शान्तिमय प्रयासों तथा उपायों से करने में सक्षम थे।

महात्मा गाँधी लियो टालस्टाय जैसे शान्ति-विचारक के लिए नैतिकता और सदाचार पर अडिग श्रेष्ठतम् समकालीन थे। वे अमानवीयता का मानवीय मूल्यों द्वारा प्रतिकार करने में दक्ष थे।

स्पष्ट है, न केवल भारत में ही, अपितु समस्त संसार में महात्मा गाँधी शान्ति के अद्वितीय प्रचारक एवं प्रसारक रहे। उनके शान्ति-सम्बन्धी प्रयासों ने पूरे विश्व को प्रेरणा दी। इस सम्बन्ध में सभ्यता से भरपूर जो सक्रियता उन्होंने दिखाई, वह लाखों-करोड़ोंजन के लिए अनुकरणीय उदाहरण बनी; और निस्सन्देह, इस सफल सक्रियता के मूल में देशकाल की परिस्थितियों में परिमार्जित भारत के शान्ति-सम्बन्धी दृष्टिकोण से महात्मा गाँधी के सामन्जस्य को देखा जा सकता है।

महात्मा गाँधी ने अपने व्यक्तिगत जीवन में अहिंसा के विकास द्वारा सत्य की खोज के निरन्तर प्रयास किए। इस मार्ग पर बढ़ते हुए उन्होंने मानवता के कल्याण की कामना की, जो वास्तव में शान्ति का मार्ग है; वह एक पड़ाव है, तथा आयाम भी है। इस मार्ग की खोज पर उन्होंने अपना दावा कभी नहीं किया। इसे उन्होंने भारतीय परम्परा का **सनातन** सिद्धान्त माना।[10] गाँधीजी ने इसे अपने जीवन में अंगीकार किया; तदोपरान्त आम और खास, सभी का इसके अनुसरण का

आह्वान किया। यह उनके कथन से कि "मेरा जीवन ही मेरा सन्देश है", स्पष्ट हो जाता है।

गाँधीजी के व्यक्तिगत जीवन से हजारों-लाखोंजन, न्यूनाधिक, प्रभावित हुए। उन्होंने महात्मा गाँधी के पदचिह्नों का अनुसरण किया। गाँधीजी की ही भाँति, अपनी-अपनी योग्यता तथा क्षमता के अनुसार, मानव-कल्याण के मार्ग पर बढ़े और विभिन्न क्षेत्रों में जनसेवा के माध्यम से अन्ततः वे शान्ति-स्थापक तथा शान्ति-प्रसारक बने।

वर्तमान समय विश्व-स्तर पर अशान्तिग्रस्त प्रतीत होता है। विश्व के नागरिकों के विभिन्न रूपों में एक-दूसरे के निकट आने के बावजूद आपसी प्रतियोगिता में वृद्धि होती दिखाई देती है। विकास के क्रम में यह अस्वाभाविक नहीं है। लेकिन व्यक्तियों में निरन्तर बढ़ती असमानता चिन्ता का विषय है। इससे भी अधिक चिन्ता का विषय विचित्र ढ़ंग से मानव द्वारा मानव का शोषण है, जिसके कारण उस मानवीय स्वतंत्रता का बड़ी सीमा तक ह्रास हो रहा है, जिसके लिए महात्मा गाँधी ने भारत से शुरुआत की थी, तथा जो शान्ति की स्थापना एवं विकास के लिए परमावश्यक है। इस सम्बन्ध में गाँधीजी ने स्वयं कहा था:

"यदि मैं अपने देश के लिए स्वतंत्रता चाहता हूँ, तो विश्वास कीजिए, मैं ऐसी स्वतंत्रता नहीं चाहता जिसके माध्यम से सम्पूर्ण विश्व की बीस प्रतिशत जनता वाले देश द्वारा किसी अन्य देश का अथवा किसी एक भी व्यक्ति का शोषण हो। यदि मैं ऐसी स्वतंत्रता चाहता हूँ, तो प्रत्येक-दुर्बल या बलशाली के लिए समानतः ऐसी ही स्वतंत्रता के अधिकार को मान्यता न देने के कारण, मैं उसका अधिकारी भी नहीं हूँ।"[11]

महात्मा गाँधी का यही कथन, जो वास्तव में भारत की शान्ति-सम्बन्धी अवधारणा की श्रेष्ठ पुनरावृत्ति है, आज आशा की एक किरण है, तथा साथ ही शान्ति-स्थापना के लिए कार्य करने वालों के लिए श्रेष्ठ सन्देश भी है।

सन्दर्भ:

1. प्राप्त ऐतिहासिक प्रमाणों के अनुसार, फाह्यान भारत पधारने वाले प्रथम बौद्ध चीनी यात्री थे। चौंसठ वर्ष की आयु में, 399 ईस्वी में उन्होंने चीन से भारत के लिए प्रस्थान किया; तथा भारत से 414 ईस्वी में वे वापस अपने देश पहुँचे। भारत में फाह्यान उत्तर-पश्चिमी भारत, गौतम बुद्ध के जन्म स्थान कपिलवस्तु, उनके ज्ञान-प्राप्ति के स्थान बौद्ध गया, पहले उपदेश के स्थान सारनाथ तथा निर्वाण-प्राप्ति के स्थान कुशीनगर के अतिरिक्त उस समय के ज्ञान और अध्ययन के प्रसिद्ध केन्द्र नालन्दा पहुँचे।
2. सुंग-युन 518 ईस्वी, अर्थात छठी शताब्दी के पूर्वार्ध में भारत आने वाले दूसरे महान चीनी यात्री थे। वे उस समय के सत्तारूढ़ वेई वंश की साम्राज्ञी के आदेश पर भारत के प्रमुख बौद्ध केन्द्रों (स्थानों) को अधिकारिक रूप से उपहार देने तथा भारत से बौद्ध साहित्य-ग्रन्थ ले जाने हेतु पधारे थे। उनकी यात्रा सीमित रही थी। वे उत्तर-पश्चिमी भारत, विशेषकर, उद्दीयान (स्वात घाटी) तथा गन्धार (पेशावर) तक गए और अपनी यात्रा को पूर्ण करके 522 ईस्वी में वापस चीन लौट गए।
3. हुएन-सांग (603-664 ईस्वी) भारत में हर्षवर्धन के साम्राज्य के समय 630 और 645 ईस्वी के मध्य पधारे। वे उच्च श्रेणी के चीनी विद्वान थे; भारत यात्रा का उनका उद्देश्य ज्ञान की खोज था। चीन के हूनान प्रान्त के च-इन में जन्मे हुएन-सांग ने 26 वर्ष की आयु में 630 ईस्वी में भारत के लिए प्रस्थान किया। वे कश्मीर घाटी पहुँचे; तदोपरान्त तक्षशिला, मथुरा, काशी, कपिलवस्तु, कुशीनगर, पाटली पुत्र, वैशाली आदि की उन्होंने सघन

यात्राएँ कीं। वे सुप्रसिद्ध नालन्दा विश्वविद्यालय में भी ठहरे। दक्षिणी भारत के कुछ भागों में भी वे गए। उस समय के दो प्रसिद्ध विद्वानों- शीलभद्र तथा बुद्धभद्र- के निर्देशन में हुएन-सांग ने ज्ञानार्जित किया; तर्क, व्याकरण, भाषा-विज्ञान, औषधि-शास्त्र और शिल्प-कला का ज्ञान प्राप्त किया। साथ ही, मूल्यवान सूचनाएँ एकत्रित कीं; पाण्डुलिपियों का संग्रह किया।

4. इ-त्सिंग 675 एवं 685 ईस्वी के मध्य भारत पधारे। वे, जैसा कि विदित है, हुएन-सांग के उपरान्त भारत आने वाले चीनी यात्री थे। स्पष्ट है, उस समय तक भारत के महान बौद्ध सम्राट हर्षवर्धन का निधन हो चुका था और देश राजनीतिक अस्थिरता की ओर बढ़ रहा था। बौद्ध धर्म-सम्प्रदाय ह्रास की ओर था। तो भी इ-त्सिंग ने कपिलवस्तु, बौद्धगया, वाराणसी, श्रावस्ती, कान्यकुब्ज, राजगिरि (नालन्दा), वैशाली तथा कुशीनगर आदि स्थानों की यात्रा की। अपने लगभग 10 वर्षों के प्रवास की अवधि में इ-त्सिंग ने मुख्यतः नालन्दा में भारतीय दर्शन, विशेषकर वैदिक और बौद्ध चिन्तन का विस्तृत अध्ययन किया।

5. मैगस्थनीज (350-290 ईसा पूर्व) एक प्राचीनकालिक यूनानी भूगोलशास्त्री तथा इतिहासकार व साथ ही राजनयिक भी थे। वे चन्द्रगुप्त मौर्य के अधीन साम्राज्य (321-297 ईसा पूर्व) में यूनानी राजदूत नियुक्त हुए थे। वे भारत के सम्बन्ध में अति प्रसिद्ध पुस्तक 'इण्डिका' के लेखक थे। अपने भारतवास की अवधि में वे उत्तरी भारत के लगभग समस्त प्रमुख स्थानों पर गए; वे हिमालय की घाटियों में गए। देश के क्षेत्रफल को नापने के अपने प्रयासों के फलस्वरूप उन्होंने बताया कि पूर्व से पश्चिम तक भारत की चौड़ाई लगभग 16,000 तथा उत्तर से दक्षिण तक लम्बाई 22,300 स्टेजूस है। एक स्टेजूस 180 मीटर के बराबर होता है। मैगस्थनीज ने अपने कार्य में देश की नदियों, प्रमुखतः- गंगा, सिन्धु और उन अन्य 58 सरिताओं का, जिनके माध्यम से जल यातायात व व्यापार होता था, उल्लेख किया है।

6. हिप्पलुस ने 100 ईसा पूर्व भारत की खोज की; तटीय क्षेत्रों में मानसून तथा हवाओं के दबाव के सम्बन्ध में जानकारी दी।
7. कोसमस ने पृथ्वी के सम्बन्ध में अपने रोचक सिद्धान्त, जिसमें भूमि समतल है, वह महासागर से घिरी है; तथा महासागर के उपरान्त स्वर्ग है, को प्रकट किया। उनके सिद्धान्त के अनुसार उत्तरी दिशा में लम्बा व ऊँचा पर्वत है, जिस पर सूर्य घूमता है। इसमें लालसागर, भारत, सीलोन और अन्य स्थानों के सम्बन्ध में महत्त्वपूर्ण भौगोलिक सामग्री भी है।
8. जिसे वर्तमान में सामान्यतः हिन्दू दृष्टिकोण के रूप में जाना जाता है।
9. "महात्मा गाँधी दूसरे ईसा मसीह हैं।"
10. जिसे उनके वक्तव्य, "मेरे पास संसार को सिखाने के लिए नया कुछ नहीं है; सत्य और अहिंसा उतने ही प्राचीन हैं, जितनी पहाड़ी" से भली-भाँति समझा जा सकता है।
11. यंग इण्डिया, 1 अक्टूबर, 1931

प्रयुक्त पुस्तक सूचीः

- आर० के० प्रभु और यू० आर० राव, द माइण्ड ऑफ महात्मा गाँधी, नवजीवन पब्लिशिंग हाउस, अहमदाबाद, गुजरात(भारत), 1967
- एम० के० गाँधी, द एसेन्शल राइटिंग्स, आक्सफोर्ड यूनिवर्सिटी प्रेस, 2008
- एम० के० गाँधी, यंग इण्डिया साप्ताहिक (1919-1931) नवजीवन पब्लिशिंग हाउस, अहमदाबाद (भारत) द्वारा 13 खण्डों में पुनर्मुद्रित, 1984
- रवीन्द्र कुमार, गाँधीयन थॉट : एन ओवरव्यू, ज्ञान पब्लिशिंग हाउस, नई दिल्ली (भारत), 2006
- रवीन्द्र कुमार (सम्पादित), **ग्लोबल पीस**-एन इन्टरनेशनल जरनल ऑफ फिलॉसफि, पीस.........., **वोल्यूम** 1-8, संख्या 1-4, मेरठ (भारत), 2001-2009

- रवीन्द्र कुमार और ए० गन, सम आइडियाज ऑन सिविलायजेशन एण्ड गाँधीज प्रिंसिपल आफ नान वायअलंस, सेन्टर फॉर सिविलायजेशनल डॉयलाक, यूनिवर्सिटी ऑफ मलाया, क्वाला लमपुर (मलेशिया), 2008

●●●●

4

भारत, गाँधी और नए विश्व में उनके विचार

सर्वोच्च मानवीय मूल्य अहिंसा को अपने जीवनकाल में सैद्धान्तिक तथा व्यावहारिक, दोनों रूपों में राष्ट्रीय और अन्तर्राष्ट्रीय स्तर पर नया आयाम देने में सफल रहे, एक ऐसे ही जगद्गुरु थे। समय-समय पर भारतभूमि पर उत्पन्न अन्य जगद्गुरुओं ही की भाँति गाँधी के विचार और कार्य समान रूप से लाखों-करोड़ों लोगों के लिए एक ओर उन्हीं के जीवनकाल में ग्राह्य बने, तो दूसरी ओर उनके बाद संसार के अनेक देशों के वासियों के लिए अनुकरणीय आदर्श सिद्ध हुए। विशेषकर न्याय और स्वतंत्रता-प्राप्ति के लिए मार्गदर्शक रहे। यही नहीं, देशकाल की परिस्थितियों की माँग के अनुरूप हो जाने पर वे वर्तमान में भी मानव-समाज का मार्गदर्शन करने में सक्षम हैं। भविष्य में भी वे सक्षम रहेंगे। कैसे? इसे जानने और समझने से पूर्व हमें कुछेक बिन्दुओं पर संक्षेप में चर्चा कर लेनी चाहिए।

इस कड़ी में प्रथम बिन्दु तो यही है कि गाँधी के विचार हैं क्या? अथवा, गाँधी-दर्शन क्या है? अति संक्षेप में, 'मानव-जीवन की समस्त गतिविधियों की परस्पर निर्भरता' और 'मानव-जीवन की एकता', जो संयोजन-निर्मित सम्पूर्णता है, में महात्मा गाँधी के विचारों या उनके दर्शन को समझा जा सकता है। स्वयं गाँधीजी के शब्दों में, "मनुष्य की गतिविधियों की सम्पूर्ण परिधि... एक अविभाज्य पूर्णता है। आप जीवन को सामाजिक, राजनीतिक, आर्थिक अथवा विशुद्ध धार्मिक क्षेत्रों में इस प्रकार विभाजित कर सकते हैं कि उनका एक-दूसरे के साथ कोई सम्पर्क ही न रहे।"[1]

मानव की समस्त गतिविधियाँ एक-दूसरे को आवश्यक रूप से प्रभावित करते हुए जीवन के लिए कई मार्गों का निर्माण करती हैं। इस

सन्दर्भ में महात्मा गाँधी की जो मान्यता है, उसकी पुष्टि कई अन्य विचारक और विचारधाराएँ भी करती हैं। हमारा बुद्धिजीवी वर्ग, न्यूनाधिक, उनसे परिचित है। ये मार्ग मानव-जीवन को सार्थक बनाएँ; इन पर चलकर मनुष्य जीवन का ध्येय प्राप्त करे, वह सत्यता पर पहुँचे, गाँधीजी इस हेतु व्यक्ति का आह्वान करते हैं। ऐसा करते हुए वे सर्वोच्च, स्वाभाविक एवं शाश्वत मूल्य अहिंसा को साधन के रूप में अपनाने पर बल भी देते हैं।

अहिंसा, महात्मा गाँधी के अनुसार सक्रिय, सार्वकालिक और शुद्ध मूल्य है। यह सत्य तक पहुँचने का सर्वश्रेष्ठ साधन है। दूसरे शब्दों में, इसके माध्यम से मनुष्य अपने जीवन को सार्थक कर सकता है। वह अपने ध्येय को प्राप्त कर सकता है। वह जीवन को सम्पूर्णता प्रदान कर सकता है। किसी अन्य साधन द्वारा ऐसा किया जाना सम्भव नहीं है। अहिंसा के अतिरिक्त कोई दूसरा साधन नहीं है, जो मनुष्य को सम्पूर्णता की स्थिति तक ले जा सके; उसे पूर्ण सत्य की अवस्था तक पहुँचा सके। यंग इण्डिया के 17 जुलाई, 1924 के अंक में इस सम्बन्ध में गाँधीजी ने लिखा, "अन्ततः साधन ही सब कुछ हैं। जैसे साधन होंगे, वैसा ही साध्य होगा। साधन और साध्य के मध्य पृथकता रूपी कोई दीवार नहीं है।"[2]

अहिंसा महात्मा गाँधी के विचारों का केन्द्र है। दूसरे शब्दों में, उनके सम्पूर्ण विचार अहिंसा के चहुँओर घूमते हैं। अहिंसा ही सत्य-प्राप्ति का एकमात्र साधन है। सत्य-प्राप्ति जीवन का ध्येय है। ध्येय को प्राप्त करना ही सम्पूर्णता को प्राप्त करना है। गाँधीजी के विचारों से एकाकार करने की इच्छा रखने वालों को यही बात सबसे

पहले अपने मस्तिष्क में रखनी होगी।

इस कड़ी में दूसरा बिन्दु गाँधीजी के कार्यों से सम्बन्धित है। उनके कार्य उनके विचारों को नए-नए आयाम देते रहे। वे उन्हें सुदृढ़ तथा परिपक्व करते रहे। इसीलिए, अहिंसा को आधार बनाकर जो कार्य उन्होंने किए, उनके मूल में रही भावना को विशेष रूप से जानना आवश्यक है।

कुछ लोगों का मानना रहा है कि गाँधी के कार्य, यदि सारे नहीं तो अधिकांश अवश्य ही, भारतीयों के कल्याण को ही समर्पित रहे। उन्होंने जो भी अहिंसक कार्यवाहियाँ कीं, वे चाहे दक्षिण अफ्रीका में हों या फिर भारत में, उनके केन्द्र में भारतीय ही थे। भारतीयों को न्याय दिलाना तथा उनकी स्वतंत्रता को सुनिश्चित करना गाँधीजी के कार्यों का प्रमुख उद्देश्य था। लेकिन, वास्तव में, यह मान्यता सही नहीं है। गाँधीजी के कार्यों के मूल में रही भावना समस्त मानव-जगत् के कल्याण की थी। भारत और भारतीय, इस सम्बन्ध में, उनकी कार्यवाहियों का प्रथम पड़ाव था।

इस वास्तविकता को गौतम बुद्ध सहित उन अनेक अन्य महान पुरुषों-जगद्गुरुओं के कार्यों से भी जाना तथा समझा जा सकता है, जिन्होंने अपनी कार्यवाहियों का प्रारम्भ अपने-अपने देशों से किया, यद्यपि उन कार्यवाहियों के मूल में सम्पूर्ण मानव-जगत् के कल्याण की भावना थी।

यदि ऐसा नहीं रहा होता, तो महात्मा गाँधी के विचार दृढ़तापूर्वक 'मानव-जीवन की एकता', 'मानवीय गतिविधियों की परस्पर निर्भरता' अथवा 'संयोजन-निर्मित सम्पूर्णता' जैसे दर्शन की परिधि में नहीं होते।

इस कड़ी में तीसरा बिन्दु 'गाँधी के विचारों में परिस्थितियों व समय की माँग के अनुरूप परिमार्जन' से सम्बन्धित है। विस्तृत पैमाने पर भारत के स्वाधीनता संग्राम के दौरान की गई केवल तीन कार्यवाहियों–असहयोग व ख़िलाफत आन्दोलन (1920-22), सविनय अवज्ञा आन्दोलन (1930-32)[3] एवं भारत छोड़ो आन्दोलन (1942) से जुड़े घटनाक्रम के विस्तार में जाने से ही इस बिन्दु की स्पष्टता हो जाएगी। स्वयं महात्मा गाँधी ने भी सिद्धान्ततः इस सम्बन्ध में हरिजन के 29 अप्रैल 1933 के अंक में खुलासा करते हुए लिखा*, "मुझे इस बात की कतई चिन्ता नहीं कि मेरे विचार सदैव एक से ही प्रतीत नहीं होते... सत्य की खोज में मैंने कई विचारों का त्याग किया है, तथा कई नई बातें सीखी हैं। मैं आयु में वृद्ध होने के बावजूद भी यह नहीं मानता कि भीतर से मेरा विकास रुक गया है, अथवा मेरी काया की समाप्ति के साथ ही मेरी उन्नति भी रुक जाएगी।"[4]

स्पष्ट है, महात्मा गाँधी के विचार पूर्णतः अहिंसा की परिधि में होने के बावजूद, तथा साथ ही इसके माध्यम से सत्य की खोज में संलग्न होते हुए भी गतिशील हैं। वे देशकाल की परिस्थितियों व समय की माँग के अनुसार परिमार्जन का विषय हैं।

नए विश्व में गाँधी के विचारों की प्रासंगिकता

दो हजार पाँच सौ वर्ष पूर्व भारत भूमि पर उपस्थित एशिया के महाप्रकाश शाक्यमुनि गौतम ने कहा था कि प्रत्येक उत्पत्ति, वस्तु–चल या अचल–परिवर्तन का विषय है। गौतम बुद्ध के अतिरिक्त अन्य महान

---

* ऐसा ही 'मेरे सपनों का भारत' नामक गाँधीजी की पुस्तक के प्रारम्भ में 'पाठकों से' शीर्षक के अन्तर्गत भी प्रकाशित हुआ है।

पुरुषों-जगद्गुरुओं ने भी, न्यूनाधिक, प्रत्यक्ष-अप्रत्यक्ष रूप से, इसी वास्तविकता पर मुहर लगाई।[5] लेकिन प्रत्यक्षतः अपने कार्यों के बल पर गौतम बुद्ध के बाद जिस प्रकार महात्मा गाँधी ने इस वास्तविकता को प्रकट किया, उससे उनके विचार उनके अपने जीवनकाल में तो कारगर हुए ही, वे आने वाले समय के लिए भी प्रासंगिक हो गए; वे पथ-प्रदर्शन करने हेतु स्थापित हो गए।

यही मुख्य कारण है कि गाँधीजी के निधन के साठ वर्षों के उपरान्त भी, जब विश्व विभिन्न रूपों में परिवर्तित हो गया है, जब मानव-जीवन के समस्त क्षेत्र नई-नई करवटें ले चुके हैं, संसार नया जान पड़ता है, जब समस्याएँ भी पूर्व से अधिक पेंचीदा हो गई हैं तथा मानव-विकास अभूतपूर्व होने के साथ ही आत्मघाती बन रहा है, उनके विचार विश्व को शान्ति और प्रगति की दिशा में ले जा सकते हैं।

स्वाभाविक है, प्रश्न उठेगा कि कैसे? आइए! व्यावहारिक दृष्टिकोण रखते हुए समीक्षा करें।

हम मानव-विश्व में विभिन्न स्तरों पर तथा विभिन्न क्षेत्रों में संघर्षों की अपरिहार्यता से परिचित हैं। इससे विमुख न होते हुए स्वयं के द्वारा ही इनके समाधान की वास्तविकता को भी हमें स्वीकार करना होगा। इस कड़ी में ऐसा करते हुए, सच्चाई को सर्वोच्च रखकर यदि बलिदान के लिए, जो गाँधी-विचार में आवश्यक है, जो अहिंसा की अनुभूति तथा इसके विकास हेतु अपरिहार्य है, हम तैयार हों, और आगे बढ़ें, तो निस्सन्देह हमारे समक्ष श्रेष्ठ एवं आश्चर्यजनक परिणाम होंगे।

बलिदान के लिए दृढ़-इच्छा का होना आवश्यक होता है। इसके लिए संकल्प चाहिए। इस हेतु वीरता चाहिए। यही गाँधी का भी

आह्वान है। यही उनके विचारों का, जिनके केन्द्र में अहिंसा है, सार है। देश की परिस्थितियों में, समय की माँग के अनुरूप, इन विचारों के अनुसार व्यवहारों की आवश्यकता है। विशेषकर, ऐसा आत्मचिन्तन करते हुए कि दृढ़-इच्छा, संकल्प और वीरता-प्रदर्शन के बिना क्या कभी श्रेष्ठ उपलब्धियाँ प्राप्त हुई हैं? आगे बढ़ा जाएगा, तो नए विश्व में गाँधीजी के विचारों के महत्त्व को समझा जा सकेगा।

पुनः, कहना न होगा, अहिंसा गाँधी के विचारों का केन्द्र है। इसीलिए, अहिंसक साधनों को गाँधीवाद में अपनाए जाने का अनुरोध है। सत्यता से निरन्तर सरोकार रखना, वस्तु-स्थिति को स्वीकारने को तत्पर रहना तथा अपने आत्म-सम्मान को बनाए रखते हुए समझौते के लिए तैयार रहने का गाँधी-विचार आह्वान करते हैं।

गाँधी के विचारों में शत्रु के विनाश का नहीं, शत्रुता को समाप्त करने का आह्वान भी है। इनमें एक पक्ष की विजय व दूसरे की पराजय को स्थान नहीं है। इनमें सभी सम्बद्ध पक्षों की विजय की कामना है।

गाँधी-विचार में उच्च नैतिकता है; श्रेष्ठ आचरण हैं। ये आत्मबल द्वारा बुराई की समाप्ति का सन्देश देते हैं। अहिंसा-आधारित महात्मा गाँधी के विचारों को अपनाया जाए तो, विचार कीजिए, क्या वे प्रासंगिक नहीं रहेंगे? क्या वे नए विश्व के निर्माण में सक्षम सिद्ध नहीं होंगे?

देखिए वर्तमान वैश्विक परिस्थितियों को! आज संसार का कोई भी देश, छोटा या बड़ा, शक्तिशाली या दुर्बल, सम्पन्न या दीन, केवल अपने ही बल पर अन्यों से अलग-थलग रहकर अपना अस्तित्व

सुरक्षित नहीं रख सकता। जब अस्तित्व ही सुरक्षित नहीं होगा, तो उसके विकास का प्रश्न कहाँ से उठेगा? ऐसी स्थिति में यदि कोई एक राष्ट्र किसी दूसरे देश पर अन्याय करता है, वह दूसरे देश की जनता की स्वतंत्रता का हनन करता है; या उसका शोषण करता है, तो अत्यधिक सावधानी के साथ, व्यापक जनहित को ध्यान में रखते हुए, अन्यायकर्ता राष्ट्र के साथ यदि शेष देश असहयोग का मार्ग अपनाते हैं, तो अन्यायकर्ता उस असहयोग को सहन नहीं कर पाएगा।

असहयोग को गाँधी-विचार में प्रमुख स्थान प्राप्त है। यह भारतीय मार्ग में एक पक्ष है। लेकिन राष्ट्रीय स्तर की अपेक्षा अन्तर्राष्ट्रीय स्तर पर असहयोग के समय कई गुना अधिक सावधानी आपेक्षित होती है। साथ ही इसमें अधिक-से-अधिक शुद्धहृदयता चाहिए। इसीलिए, यदि संयुक्त राष्ट्र संघ, जो 'वसुधैव कुटुम्बकम्' की भारतीय अवधारणा के प्रतीक रूप में सर्वप्रमुख अन्तर्राष्ट्रीय संगठन है, के नेतृत्व तथा निर्देशन में ईमानदारी से इस प्रकार का कोई उपाय किया जाए, तो कारगर सिद्ध होगा। ऐसा उपाय गाँधी-विचार की परिधि में होगा।

हम जानते हैं, जितना अधिक-से-अधिक अहिंसक गतिविधियों को अपनाया जाएगा, वे उतना ही गाँधी-विचार के निकट होंगी। प्रत्येक स्थिति में प्रयास यही होना चाहिए कि अहिंसक उपायों की सम्भावना बनी रहे। लेकिन, समस्त अहिंसक उपाय विफल हो जाएँ, तो न्याय एवं स्वतंत्रता की रक्षा के लिए, व्यापक जनहित में कम-से-कम सम्भव हिंसक उपायों को अपनाना भी गाँधी-विचार की अवमानना नहीं है। न्याय और हिंसा, अथवा स्वतंत्रता एवं हिंसा में से किसी एक का चयन

करना हो, तो गाँधीजी का स्पष्ट परामर्श न्याय के लिए या स्वतंत्रता के लिए ही है। 1942 में भारत छोड़ो आन्दोलन प्रारम्भ किए जाने के समय के उनके देशवासियों के आह्वान से यह स्पष्ट है। साथ ही हिंसक उपाय क्षणिक हों; कार्यवाही के समय प्रतिद्वन्द्वी के प्रति हृदय से दुर्भावना नहीं रहनी चाहिए। इस सन्दर्भ में गाँधी का लघु वक्तव्य, 'कृत्य के पीछे भावना', का सदैव स्मरण रहना चाहिए।

महात्मा गाँधी भारत में उत्पन्न एक जगद्गुरु थे। भारत में विकसित मानवीय मूल्य, विशेषकर शाश्वत, स्वाभाविक और सर्वोच्च मूल्य अहिंसा, गाँधी-विचार का मूल रही है। गाँधीजी व्यावहारिक रूप में अहिंसा द्वारा समस्याओं और संघर्षों का हर स्तर पर समाधान चाहते थे। उनके विचारों का नए विश्व में पूरा-पूरा महत्त्व है। वे प्रासंगिक हैं। परिस्थितियों के अनुरूप अपनाए जाने पर वे भविष्य में भी प्रासंगिक रहेंगे।

सन्दर्भ:

1. गाँधीयन थॉट : न्यू वर्ल्ड, न्यू डायमेंशंस, पृष्ठ 33
2. यंग इण्डिया, 17 जुलाई, 1924
3. जिसे महात्मा गाँधी ने डाण्डी में नमक कानून भंग करके प्रारम्भ किया था।
4. इस सम्बन्ध में महात्मा गाँधी ने आगे लिखा, "मुझे क्षण-प्रतिक्षण सत्य, मेरे ईश्वर, की पुकार के अनुरूप आज्ञा-पालन करने की ही चिन्ता है, और, इसलिए, यदि कोई मेरे एक ही विषय पर दो लेखों में कोई विरोधाभास पाता है, तथा यदि वह फिर भी मेरे मानसिक सन्तुलन में विश्वासकर्ता है, तो एक ही विषय पर मेरे दो लेखों में से वह बाद वाले को चुनेगा।"
5. विशेषकर भारतीय दर्शन की सभी प्रमुख शाखाएँ- वैदिक, जैन तथा

सिक्ख- इस वास्तविकता पर किसी-न-किसी रूप में सहमत हैं। सिक्ख-दर्शन जैसी नवीनतम शाखा भी देशकाल की परिवर्तित परिस्थितियों और समय की माँग के अनुरूप ही व्यक्ति का व्यवहारों से गुजरने का आह्वान करती है। सिक्ख-दर्शन तथा सामान्य सिक्ख शिक्षाएँ, जो गुरुग्रन्थ साहेब में भली-भाँति संकलित हैं, चार हजार, दो हजार अथवा एक हजार वर्ष पूर्व की पद्धतियों के प्रति सम्पूर्ण आदर रखते हुए भी, उनके आधुनिककाल में परिमार्जन का पक्षधारी हैं। वे उस परम्परावादी-रूढ़िवादी ढंग से पृथक होने का आह्वान करती हैं, जो परिवर्तित समय और परिस्थितियों के अनुसार व्यावहारिक नहीं हैं।

प्रयुक्त पुस्तक सूचीः

- एम० के० गाँधी, आत्मकथा अथवा सत्य के प्रयोग, नवजीवन पब्लिशिंग हाउस, अहमदाबाद (भारत), 1957
- एम० के० गाँधी, मेरे सपनों का भारत, नवजीवन पब्लिशिंग हाउस, अहमदाबाद (भारत), पु० सं० संस्करण, 1999
- एम० के० गाँधी, यंग इण्डिया साप्ताहिक (1991-1931), नवजीवन पब्लिशिंग हाउस, अहमदाबाद (भारत) द्वारा 13 खण्डों में पुनर्मुद्रित, 1984
- एम० के० गाँधी, सर्वोदय, नवजीवन पब्लिशिंग हाउस, अहमदाबाद (भारत), 1955
- मार्टिन ग्रीन, टालस्टाय एण्ड गाँधी, मैन ऑफ पीस, ए बाइऑग्राफि, बेसिक बुक्स, न्यूयार्क (संयुक्त राज्य अमरीका), 1983
- रवीन्द्र कुमार, गाँधीयन थॉट : एन ओवर व्यू, ज्ञान पब्लिशिंग हाउस, नई दिल्ली (भारत), 2006
- रवीन्द्र कुमार (सम्पादित), ग्लोबल पीस-एन इन्टरनेशनल जरनल ऑफ फिलॉसफि, पीस..........., वोल्यूम 1-8, संख्या 1-4, मेरठ (भारत), 2001-2009

- रवीन्द्र कुमार, गाँधीयन थॉट : न्यू वर्ल्ड, न्यू डायमेंशंस, कल्पाज़ पब्लिकेशंस, नई दिल्ली (भारत), 2008
- रवीन्द्र कुमार, महात्मा गाँधी और अहिंसा, कल्पाज़ पब्लिकेशंस, नई दिल्ली (भारत), 2007
- लियो टालस्टाय, द लॉ ऑफ वायलैंस एण्ड द लॉ ऑफ लव, द यूनिकार्न प्रेस, लन्दन (यू० के०), 1959

●●●●

5

भारत, अन्तर्राष्ट्रीयतावाद एवं गाँधी

“भारत की मुक्ति द्वारा मैं धरा के कथित दुर्बल वर्गों की मुक्ति चाहता हूँ; मैं पश्चिम के शोषण के जुए को उतार फेंकना चाहता हूँ। भारत के स्वेच्छा से आगे बढ़ने का अर्थ है, संसार के प्रत्येक देश का (अपनी) स्वेच्छा से (विकास मार्ग पर) आगे बढ़ना।”

– महात्मा गाँधी

भारत और इसकी संस्कृति

भारत अन्तर्राष्ट्रीयतावाद के प्रति वचनबद्ध देश है। यह वचनबद्धता हजारों वर्ष पुरानी है। इसे 'वसुधैव कुटुम्बकम्' के भारतीय नारे से भली भाँति जाना और समझा जा सकता है। लेकिन, साथ ही, हजारों वर्ष प्राचीन भारत की समन्वयात्मक संस्कृति भी कदम-कदम पर अपने पोषकों, भारतीयों की अन्तर्राष्ट्रीयतावाद के प्रति वचनबद्धता को दोहराती रही हैं; आज भी वह इसे दोहरा रही है। भारत की समन्वयात्मक संस्कृति, विकासोन्मुखता और अनुकूलनशीलता जैसी अपनी अद्वितीय विशेषताओं के साथ और महात्मा गाँधी के शब्दों में, सम्पन्न रूप से[1] जिस प्रकार सम्पूर्ण विश्व का ध्यानाकर्षित करती रही है, जिस प्रकार सम्पूर्ण विश्व के लोगों के लिए अपनी धरती के द्वार खोलती रही है, वह निस्सन्देह अन्तर्राष्ट्रीयतावाद के विकास की दिशा में अतिश्रेष्ठ कदम रहा है। वह संसार के सभी देशों के सभी लोगों के लिए इस सम्बन्ध में बहुत अच्छी सीख भी है। विशेषकर, वर्तमान में वैश्वीकरण, जो स्वयं अन्तर्राष्ट्रीयतावाद का ही रूप है, जो विभिन्न स्तरों पर और विभिन्न क्षेत्रों में निरन्तर राष्ट्रों के मध्य दूरियाँ कम कर रहा है तथा जिसमें साथ-साथ चलना अब सबके लिए आवश्यक है, को सच्चे अर्थों में सुदृढ़ता प्रदान करने के लिए एवं इसे अधिकाधिक कारगर बनाने के लिए भारतीय संस्कृति और इसकी विशेषताएँ मार्गदर्शक का कार्य करने में सक्षम हैं।

वह भारतीय संस्कृति की विशाल और अन्तर्राष्ट्रीयतावाद को

भारत के स्वेच्छा से आगे बढ़ने का अर्थ है, संसार के प्रत्येक देश का (अपनी) स्वेच्छा से (विकास मार्ग पर) आगे बढ़ना।"[5]

सर्वोदय

महात्मा गाँधी का सर्वोदय सिद्धान्त, जो भारतीय परम्पराओं और मान्यताओं[6] को समर्पित हैं, जो सर्वकल्याण के रस्किन के सिद्धान्त से प्रभावित है, मानव समानता की दिशा में एक श्रेष्ठ सिद्धान्त है। बिना किसी जाति, लिंग, सम्प्रदाय और राष्ट्रीय सीमा के नाम पर भेदभाव के यह सिद्धान्त मनुष्य के श्रम के मूल्य को समानता प्रदान करता है। यह मानसिक और शारीरिक श्रम को समान रूप में महत्त्वपूर्ण मानता है; तथा उपयोगितावाद के सिद्धान्त, 'अधिकतम के लिए अधिकतम सुख' के विपरीत 'सभी के लिए अधिकतम सुख'[7] की बात करता है। इसमें अन्तिम, अथवा कथित निम्नतम के उत्थान और कल्याण हेतु भी समान अथवा बराबर का अवसर है। यह, "सभी के अधिकतम सुख में अधिकतम के अधिकतम सुख"[8] के सम्मिलित होने की दृढ़ता से स्पष्टता करता है, और इस प्रकार मानवीयता की परिधि को अधिकाधिक सम्भव विस्तार प्रदान करता है। यह विस्तार अन्तर्राष्ट्रीयतावाद की अतिश्रेष्ठ अभिव्यक्ति है।

ट्रस्टीशिप

इतना ही नहीं, महात्मा गाँधी के ट्रस्टीशिप सिद्धान्त में, जो कि राज्य जैसी हिंसाधारित संस्था[9] का उनके अनुसार विकल्प हो सकता है, अन्तर्राष्ट्रीयतावाद प्रकट होता है। महात्मा गाँधी, एक अराजकतावादी के रूप में, शनैः-शनैः राज्य की समाप्ति के पक्षधर हैं। वे राज्य के स्थान पर समानता पर आधारित विश्व-व्यवस्था के निर्माण पर बल

देते हैं। यह, वास्तव में, अन्तर्राष्ट्रीयतावाद से भी आगे की बात है। इसमें सम्पूर्ण मानवता, बिना किसी क्षेत्रीय या राष्ट्रीय सीमा के, एकताबद्ध होती है। महात्मा गाँधी के इस सिद्धान्त को बहुत हल्के में नहीं लिया जा सकता, भले ही उनके विचारों या कल्पना के अनुरूप राज्य की समाप्ति तुरन्त या किसी समय-सीमा के भीतर सम्भव न हो। भले ही उनकी विश्व-व्यवस्था के निर्माण की इच्छा पूर्ण होती प्रतीत न होती हो।

उन्होंने इस सम्बन्ध में अपने दक्षिणी अफ्रीका प्रवास के दौरान टालस्टाय फार्म में अनुभव के तौर पर विभिन्न धर्म-सम्प्रदायों के लोगों के सामूहिक निवास की व्यवस्था कर आदर्श स्थापित किया था। वह आदर्श व्यावहारिक बना था; वह सफल रहा था। इसीलिए, अत्यधिक काल्पनिक प्रतीत होने के बावजूद, अव्यावहारिक लगने और अधिकाधिक नैतिकता व सदाचार की परिधि में दिखाई पड़ने के बाद भी, महात्मा गाँधी का सिद्धान्त विचारणीय है। यह अन्तर्राष्ट्रीयतावाद की दिशा में महत्त्वपूर्ण है।

निष्कर्ष

लगभग 85 वर्ष पूर्व, 1924 में महात्मा गाँधी ने कहा था, "एक-दूसरे के विरुद्ध लड़ते स्वतंत्र राज्यों के स्थान पर मैत्रीपूर्ण परस्पर निर्भरता आधारित (विश्व)* संघ विश्व की इच्छा है, आवश्यकता है। इस प्रक्रिया... में बहुत देर हो सकती है। मैं (इस सम्बन्ध में) अपने देश के लिए कोई बड़ा दावा नहीं करना चाहता हूँ। लेकिन इसके लिए अपनी तैयारी की इच्छा, व सम्भावना को जताना चाहता हूँ...

*अन्तर्राष्ट्रीय।

स्वतंत्रता के बजाए अन्तर्राष्ट्रीय स्तर पर परस्पर निर्भरता की बात कहना चाहता हूँ...।"[10]

महात्मा गाँधी का यह कथन अन्तर्राष्ट्रीयतावाद के विस्तृत स्वरूप को प्रकट करता है।

85 वर्ष पूर्व, हो सकता है, अनेक को यह कथन कोरी कल्पना लगा हो। लेकिन आज की परिस्थितियाँ इस पर बारम्बार ध्यान देने तथा इस पर विचार करने का आह्वान करती हैं।

विकास के निरन्तर बढ़ते कदमों के कारण, स्वतंत्र राज्यों के अस्तित्व के साथ भी, परस्पर निर्भरता का स्तर हमारे सामने है। यह स्तर और ऊपर जाएगा। इसे विवशता मानें या कुछ और, लेकिन संसार के राष्ट्रों का साथ-साथ चलना अब आवश्यक है। संसार के नागरिकों का साथ-साथ कार्य करना अपरिहार्य बन गया है। ऐसे में महात्मा गाँधी के विचार और संसार को अन्तर्राष्ट्रीयतावाद से भरपूर समय-समय पर दिए गए उनके सन्देशों की कारगरता और प्रासंगिकता का अनुमान सहज ही लगाया जा सकता है। अच्छा हो, यदि इस दिशा में, परिस्थितियों एवं समय की माँग के अनुरूप, महात्मा के विचारों तथा सन्देशों को केन्द्र में रखकर विश्व के देश विवशता के बजाए, आपसी तालमेल से कार्य करें तथा सुखद और कल्याणकारी वातावरण बनाकर प्रत्येक के हित का मार्ग प्रशस्त करें।

प्रारम्भ में भारत की अन्तर्राष्ट्रीयतावाद के प्रति वचनबद्धता की चर्चा हमने की थी। महात्मा गाँधी की हार्दिक इच्छा थी कि भारत विश्व-स्तर पर शान्तिमयी और प्रगतिमयी व्यवस्था के निर्माण के लिए आगे आए। इस कार्य को भारत अपने उत्तरदायित्व के रूप में ले। वह

इसलिए, क्योंकि अपने महान मूल्यों, सांस्कृतिक विशेषताओं एवं अहिंसा के प्रति समर्पण के कारण भारत में ऐसा करने की क्षमता है। भारत इस दिशा में पहल करे; अन्तर्राष्ट्रीयतावाद को सच्चे अर्थों में स्थापित करे। ऐसा करते हुए अन्य देशों के लिए अनुकरणीय बने।

सन्दर्भ:

1. यंग इण्डिया, 1 सितम्बर, 1921 (अपनी बात को आगे बढ़ाते हुए महात्मा गाँधी ने यह भी कहा था, "... हमने अभी इसे जाना नहीं है, इसका भली-भाँति अध्ययन नहीं किया है, और इसके मूल्य को कम करके आँका है।" चूँकि भारतीय संस्कृति के सम्बन्ध में महात्मा गाँधी का वक्तव्य आज तक भी प्रेरणा का स्रोत है, इसलिए इसके प्रमुख भाग को परिशिष्ट संख्या एक में दिया जा रहा है)
2. थ्यॉरी एण्ड प्रेक्टिस ऑफ गाँधीयन नान वायलेंस, पृष्ठ 3
3. वही उपरोक्त।
4. यंग इण्डिया, 2 जुलाई, 1931
5. वही उपरोक्त, 12 जनवरी, 1928
6. विशेषकर वैदिक-हिन्दू अवधारणा।
7. यंग इण्डिया, 9 दिसम्बर, 1926
8. वही उपरोक्त।
9. द मार्डन रिव्यू, 1935, पृष्ठ 412 (इस सन्दर्भ में महात्मा गाँधी ने लिखा है, "राज्य सान्द्रित और संगठित रूप से हिंसा का प्रतिनिधित्व करता है। व्यक्ति के पास आत्मा है, लेकिन राज्य आत्मारहित मशीन है। इसे हिंसा से अलग नहीं किया जा सकता; इसका अस्तित्व ही हिंसा से है।"
10. यंग इण्डिया, 26 दिसम्बर, 1924

प्रयुक्त पुस्तक सूची:

- अरुण चन्द्र गुहा, स्वतंत्रता संग्राम के पच्चीस वर्ष (1921-1946), दो भाग, प्रकाशन विभाग, सूचना एवं प्रसारण मंत्रालय, भारत सरकार, नई दिल्ली, 1990
- एम० के० गाँधी, मार्डन रिव्यू, अहमदाबाद (भारत), 1935
- एम० के० गाँधी, यंग इण्डिया साप्ताहिक (1919-1931), नवजीवन पब्लिशिंग हाउस, अहमदाबाद (भारत) द्वारा 13 खण्डों में पुनर्मुद्रित, 1984
- रवीन्द्र कुमार और अल्सटेयर गन, सम आइडियाज आन सिविलायजेशन एण्ड गाँधीज प्रिंसिपल ऑफ नान वायअलंस, सेन्टर फॉर सिविलायजेशनल डायलॉग, यूनिवर्सिटी ऑफ मलाया, क्वाला लमपुर (मलेशिया), 2008
- रवीन्द्र कुमार, महात्मा गाँधी और अहिंसा, कल्पाज़ पब्लिकेशंस, नई दिल्ली (भारत), 2007

●●●●

6

भारत: गाँधी और उनका दर्शन

"भारत को अभी सामाजिक, नैतिक व आर्थिक स्वतंत्रता प्राप्त करनी है, विशेषकर उन सात लाख ग्रामों के लिए, जो अपने कस्बों और नगरों से पृथक हैं।"

– महात्मा गाँधी

परिचय

मोहनदास करमचन्द गाँधी, जो संसार भर में महात्मा गाँधी के नाम से सुप्रसिद्ध हैं, सम्पूर्ण इतिहास के ऐसे महान पुरुष हैं, जिनके सिद्धान्त और व्यवहार में अत्यधिक एकरूपता रही है। उन्होंने अपने दर्शन और व्यवहार के बल पर न केवल अपने समय में करोड़ों लोगों का ध्यानाकर्षित किया, अपितु अपने निधनोपरान्त भी वे भारत और संसार के कई देशों के लाखोंजन की प्रेरणा का स्रोत बने। महात्मा गाँधी के दर्शन से प्रेरित होकर लोगों ने अपनी स्वतंत्रता की सुनिश्चितता के लिए संघर्ष किया; न्याय की स्थापना के लिए वे आगे बढ़े, तथा अधिकांशतः वे सफल भी हुए।

इस सम्बन्ध में बीसवीं शताब्दी की सम्पूर्ण अवधि के कम-से-कम एक सौ संघर्षों का उल्लेख किया जा सकता है[1] और इनमें भी मार्टिन लूथर किंग जूनियर के नेतृत्व में अफ्रीकी-अमरीकी लोगों के नागरिक अधिकारों के लिए संघर्ष (1955-63), वियतनाम के ह्यू, दानांग में हुई बड़ी अहिंसक कार्यवाही (1966), फिलीपीन्स की एडसा क्रान्ति (1986), तथा बीसवीं शताब्दी के अन्तिम दशक के दौरान पूर्वी यूरोप के कई देशों में प्रजातंत्र की स्थापना हेतु जन-संघर्षों का विशेष रूप से उल्लेख किया जा सकता है।

इतना ही नहीं, वैश्वीकरण की वर्तमान समय में तीव्रता से बढ़ती प्रक्रिया में लोगों में गाँधी के दर्शन के प्रति रुचि एवं जिज्ञासा बढ़ी है। गाँधी-दर्शन से प्रेरित और निर्देशत होकर विभिन्न स्तरों पर तथा जीवन के भिन्न-भिन्न क्षेत्रों में व्यक्तिगत और सामूहिक रूप में न्याय और

स्वतंत्रता की स्थापना के लिए गत एक दशक के दौरान लोग जिस प्रकार सक्रिय हुए हैं, उससे गाँधी-दर्शन की श्रेष्ठता, सार्थकता एवं प्रासंगिकता सहज ही सिद्ध हो जाती है। इसमें भी विशेष महत्त्व की बात यह है कि व्यक्तिगत और सामूहिक, दोनों ही, रूपों में सक्रिय होते समय लोगों ने गाँधी-दर्शन को स्वयं महात्मा के सदाबहार सन्देशानुसार समय की माँग और विद्यमान परिस्थितियों के अनुरूप, दर्शन की मूलभावना की परिधि के भीतर रहते हुए निरन्तर आयाम दिए, तथा वे सफल भी रहे। इससे गाँधी-दर्शन वर्तमान में भी एक अतिश्रेष्ठ व व्यावहारिक दर्शन के रूप में प्रकट हुआ है।

इस सम्बन्ध में हम अपनी बात को आगे बढ़ाएँ, उससे पूर्व गाँधी-दर्शन, जो निस्सन्देह शान्ति और प्रगति का एक अनुकरणीय दर्शन है, की वास्तविकता को जानना आवश्यक है। इसी के साथ गाँधी-दर्शन के स्वयं उनके अपने समय में, तथा उनके उपरान्त, विशेषकर बीसवीं शताब्दी में भारत के सामाजिक व राजनीतिक क्षेत्रों में प्रयोग से साक्षात्कार करना भी आवश्यक है।

गाँधी-दर्शन

गाँधी-दर्शन देशकाल की परिस्थितियों की माँग के अनुसार विकसित वह विचार है, जिसमें नैतिकता और सदाचार का पूर्ण समावेश है, तथा वह पूर्णतः सर्वोच्च मानवीय मूल्य अहिंसा की परिधि में भी है। गाँधी-दर्शन कई दूसरे दर्शनों की भाँति तर्क-वितर्क की किसी उच्च कला से प्रकट विचार नहीं, अपितु यह जीवन के सत्य अनुभवों पर आधारित है; यह सनातन धर्म-निर्देशित[2] है। प्रत्येक स्थिति में यह न्याय और मानवीय स्वतंत्रता की स्थापना के लिए कटिबद्ध है।

गाँधी-दर्शन की नींव उन्नीसवीं शताब्दी के अन्तिम दशक में दक्षिण अफ्रीका में पड़ी। बीसवीं शताब्दी के पहले दो दशकों की अवधि के दौरान वहीं चरणबद्ध रूप में इसका विकास हुआ। दोनों ही विषयों-दर्शन की नींव पड़ने और इसके चरणबद्ध विकास-हेतु देशकाल की परिस्थितियों की माँग ही पूर्णतः उत्तरदायी रही थी।

गाँधी-दर्शन के सम्बन्ध में सूचना रखने वाले जानते हैं कि 1893 ईस्वी में अपने दक्षिण अफ्रीका आगमनोपरान्त[3] गाँधी को वहाँ की तत्कालीन औपनिवेशी सरकार की एशियाइयों, विशेषकर भारतीय मूल के लोगों के प्रति भेदभावपूर्ण नीति रखने के कारण शोषण, असमानता एवं अन्याय से भरपूर जो कटु अनुभव हुए थे, वही उनके दर्शन की नींव पड़ने का कारण थे। तदोपरान्त, उस शोषण, असमानता तथा अन्याय की समाप्ति हेतु पूर्णतः अहिंसा की परिधि में रहते हुए, जो संघर्ष उन्होंने किए, जो सत्याग्रह के नाम से भी विश्वविख्यात हुए, गाँधी के दर्शन के विकास का आधार थे।

गाँधी 1893 से 1914 तक दक्षिण अफ्रीका में रहे। अपनी लगभग इक्कीस वर्षों की वहाँ की प्रवास-अवधि के दौरान 'इण्डियन फ्रैंचाइज़ एक्ट', 'ब्लैक एक्ट', 'इमिग्रेशन् एक्ट (अप्रवासी कानून)', 'पाउन्ड-3 टैक्स प्रोविजन' आदि जैसे असमानता व अन्याय के प्रतीक कानूनों की समाप्ति के लिए सफलतापूर्वक अहिंसक संघर्ष करके सम्पूर्ण संसार के समक्ष एक कारगर मार्ग प्रस्तुत कर सके।

गाँधी का वही मार्ग परिस्थितियों और माँग के अनुरूप परिमार्जित होने पर पुनः भारत में (1918 ईस्वी से) प्रासंगिक बन गया; वह भारतीयों के लिए कल्याणकारी सिद्ध हुआ। स्वयं गाँधी और उनके

में प्रसिद्ध अंग्रेजी विद्वान और चिन्तक जॉन रस्किन[8] की पुस्तक 'अनटू दिस लास्ट' ने महत्त्वपूर्ण भूमिका का निर्वाह किया।[9]

'अनटू दिस लास्ट' ईसाई समाजवाद पर एक मौलिक कार्य है; लेखक, जॉन रस्किन ईसा मसीह के एक वक्तव्य से, जो एक कार्यरत श्रमिकों के दल से सम्बन्धित दृष्टान्त में प्रकट होता है, अपने इस कार्य में उदाहरण देते हैं। वक्तव्य के अनुसार, "मैं इस अन्तिम को भी उतना ही दूँगा, जितना मैंने तुझे दिया है।"

रस्किन स्वयं सर्वसमानता के पक्षधर थे; उनका दृढ़तापूर्वक यह मानना था कि समाज में किसी का भी शोषण नहीं होना चाहिए, तथा सभी को उन्नति के लिए समान अवसरों की प्राप्ति होनी ही चाहिए। 'अनटू दिस लास्ट' उनके लिए एक आदर्शपूर्ण सिद्धान्त था और इसके सारांश को निम्नलिखित तीन बातों द्वारा अवलोकित किया जा सकता है :

1. सर्वकल्याण में ही व्यक्तिगत कल्याण भी निहित है;
2. जब तक सभी अपने कार्य के बल पर अपनी रोटी कमाते हैं, तब तक एक नाई के कार्य का भी उतना ही मूल्य है, जितना एक अधिवक्ता के कार्य का; तथा
3. श्रमिक, अर्थात भूमि जोतने वाले और दस्तकार का जीवन समानरूप से मूल्यवान है।

गाँधी ने उक्त तीनों सिद्धान्तों को, स्वाधीनता आन्दोलन की अवधि में भी न्यूनाधिक व्यावहारिकता प्रदान करने का प्रयास किया। लेकिन सर्वोदय के आधार पर इन सिद्धान्तों पर व्यापक रूप से अमल 1947 में राजनीतिक स्वतंत्रता के उपरान्त ही सम्भव था, और महात्मा

गाँधी इस हेतु कार्यवाही हेतु कटिबद्ध भी थे। अपने देहान्त से एक दिन पूर्व अर्थात 29 जनवरी, 1948 को भारतीय राष्ट्रीय कांग्रेस के प्रस्तावित नए संविधान के लिए उनके द्वारा तैयार किए प्रारूप से यह सत्यता प्रकट होती है। इसमें उन्होंने स्पष्ट रूप से उल्लेख किया था, "भारत को अभी सामाजिक, नैतिक और आर्थिक स्वतंत्रता प्राप्त करनी है, विशेषकर उन सात लाख ग्रामों के लिए, जो अपने कस्बों और नगरों से पृथक हैं।"[10]

परन्तु, स्वाधीनता के कुछ माहोपरान्त ही उनकी मृत्यु हो गई। वे सर्वोदय-सिद्धान्त रूपी सम्पदा को, तो भी, अपने उत्तराधिकारियों के लिए छोड़ गए। उसी सम्पदा से जनकल्याण हेतु, उनके अग्रणी उत्तराधिकारियों में एक विनोबा भावे[11] आगे आए तथा भूदान आन्दोलन प्रारम्भ कर महात्मा गाँधी के सर्वोदय सिद्धान्त को श्रेष्ठतः व्यावहारिक बना सके। दूसरे शब्दों में गाँधी-दर्शन के सामाजिक-आर्थिक पक्ष को प्रभावकारी ढंग से संसार के समक्ष रख सके।

जैसा कि इतिहास साक्षी है, विनोबा भावे ने भूदान आन्दोलन का श्रीगणेश वर्तमान आन्ध्र प्रदेश के तेलंगाना क्षेत्र के पोचमपल्ली ग्राम से अप्रैल 1951 में किया। वहाँ से इसके प्रारम्भ किए जाने का एक कारण था। वास्तव में, तेलंगाना में भारत की स्वतंत्रता से पूर्व ही कानून-व्यवस्था की स्थिति अत्यधिक शोचनीय थी। भूपतियों व भूमिहीनों के मध्य भू-अधिग्रहण को लेकर भीषण संघर्ष था। वहाँ के भूपति सम्पन्न थे; वे बड़े-बड़े भूखण्डों के स्वामी थे। विपरीत इसके भूमिहीन बहुसंख्यक होने के बावजूद दीन थे; वे अत्यधिक पिछड़े हुए थे। समस्या, निस्सन्देह, गम्भीर थी। उससे भारत में भूमि के अन्यायपूर्ण वितरण की

श्रमदान[13] और ग्रामदान[14] हेतु भी जनानुरोध किया। यह, वास्तव में, उनके कार्यक्रम का बढ़ता चरण था। इसमें भी उन्हें आशातीत सफलता प्राप्त हुई।

दिल्ली से विनोबा भावे ने उत्तर प्रदेश के लिए प्रस्थान किया और वहाँ से वे बिहार पहुँचे। दोनों ही प्रान्तों से साधनदान, श्रमदान और ग्रामदान के उनके आह्वान को अच्छा उत्तर मिला। उन्होंने उत्तर प्रदेश से 2,95,028 तथा बिहार से 22,00,000 एकड़ भूमि भी दान में प्राप्त की। बिहार से बंगाल होते हुए वे उड़ीसा पहुँचे जहाँ उन्हें 812 ग्राम दान में प्राप्त हुए। इतना ही नहीं, केरल, कर्नाटक, महाराष्ट्र और जम्मू-कश्मीर से भी उन्हें अनेक ग्राम व भूमि प्राप्त हुई। यह क्रम और आगे बढ़ा। कुल मिलाकर भारत जैसे देश मे गाँधीवादी दर्शन के बल पर जो महान कार्य विनोबा भावे ने किया, वह उन लाखों लोगों के लिए शान्तिमय और सम्पन्न जीवन का मार्ग प्रशस्त कर सका, जो दिन-रात कठिन परिश्रम करते थे।

विनोबा भावे भारत की कुल कृषि-योग्य भूमि का 1/6 भाग[15] दान में चाहते थे, ताकि उसे भूमिहीनों में वितरित करके अहिंसा-आधारित समाज के निर्माण की दिशा में निश्चित कदम रखा जा सके। ऐसा समाज ही शान्तिमय जीवन का आधार हो सकता था। स्वयं उन्हीं के शब्दों में, "हम नए आधार पर समाज का निर्माण करना चाहते हैं। भूदान आन्दोलन का यही उद्देश्य है। हम सामाजिक जीवन के लिए नैतिकता को निर्देशक तत्व बनाना चाहते हैं, और अर्थशास्त्र को, जो वर्तमान में अनुचित महत्ता बनाए हुए है, समुचित स्थान पर लाना चाहते हैं। भूदान (समय की माँग के अनुरूप) मूल्यों के अहिंसक और शान्तिमय उपायों द्वारा परिवर्तन का हमारा साधन है।"

इस प्रकार, निस्सन्देह, भूदान आन्दोलन द्वारा गाँधी-दर्शन के विकास को भारत में अभूतपूर्व और श्रेष्ठ आयाम तो मिला ही, साथ ही सामाजिक-आर्थिक क्षेत्रों में इसके सफल प्रयोग का मार्ग संसारभर के समक्ष प्रशस्त हुआ। स्वयं महात्मा गाँधी के अपने समय में उनके दर्शन के राजनीतिक क्षेत्र में प्रयोग के उपरान्त, इसने सामाजिक-आर्थिक क्षेत्रों में हुई अनेक उन कार्यवाहियों को प्रेरित किया, जो विश्वभर में सामान्यतः और भारत में विशेषतः व्यक्तिगत और सामूहिक स्तर पर संचालित की गईं। यदि ऐसी सभी कार्यवाहियों को केवल भारत में ही जानना हो, तो हमें अनेक खण्डों का सृजन करना पड़ेगा। लेकिन, यहाँ हमारे लिए इतना मानकर चलना ही पर्याप्त होगा कि आज तक भी गाँधी-दर्शन, देशकाल की परिस्थितियों के अनुकूल हो जाने की स्थिति में अपनी सार्थकता और प्रासंगिकता को ज्यों-का-त्यों बनाए हुए है।

वर्तमान में गाँधी-दर्शन की सार्थकता एवं महत्ता

गत एक दशक की अवधि में जिस प्रकार भारत में मुख्य रूप से और विश्व के अनेक भागों में सामान्य रूप से जनता जीवन के विभिन्न क्षेत्रों में व्यक्तिगत और सामूहिक रूप से अहिंसक उपायों द्वारा परिवर्तन के लिए आगे आई है, न्याय प्राप्ति हेतु जिस प्रकार अहिंसक कार्यवाहियाँ की गई हैं, उससे गाँधी-दर्शन की महत्ता, सार्थकता और प्रासंगिकता सिद्ध होती है।

स्वयं महात्मा गाँधी के निर्देशन में राजनीतिक क्षेत्र में, तदोपरान्त भूदान कार्यक्रम के माध्यम से आचार्य विनोबा भावे के नेतृत्व में सामाजिक और आर्थिक क्षेत्रों में हुए गाँधी-दर्शन के श्रेष्ठ विकास के बाद इसके निरन्तर प्रयोग की जो प्रक्रिया भारत और विश्वभर में

प्रारम्भ हुई, उसमें अनेक अहिंसक कार्यवाहियों को महिलाओं द्वारा नेतृत्व प्रदान किया जाना असाधारण बात रही है। विशेषकर गत एक दशक के दौरान न्याय की स्थापना के लिए महिलाओं का आगे आकर अहिंसक कार्यवाहियाँ संचालित करना अति उल्लेखनीय रहा है।

बर्मा (म्यानमार) की 'आंग सान सू की' का अपने ही देश की सैनिक तानाशाही के विरुद्ध इक्कीस वर्षों का अहिंसक संघर्ष स्वयं अपने आप में एक उदाहरण है। 1988 में जब देशी सैनिक तानाशाहों ने प्रजातंत्र की जन-माँग को नकारकर अत्याचार प्रारम्भ कर दिए, लोगों को उनके अधिकारों से वंचित कर दिया, तो सू की ने गाँधीवादी मार्ग से संघर्ष छेड़ दिया। परिणामस्वरूप सैनिक तानाशाहों द्वारा 1990 में 'स्टेट प्रोटेक्शन एक्ट-1975' के अन्तर्गत उन्हें बन्दी बनाया गया। यह एक्ट बिना मुकदमा चलाए, किसी भी व्यक्ति को पाँच वर्ष तक कारागार में रखने का प्रावधान करता है। सू की ने अनेक कष्ट उठाए, लेकिन कारागार से भी वे लाखों बर्मावासियों को प्रेरित कर संघर्ष हेतु तैयार करती रहीं, लोग समय-समय पर सैनिक तानाशाही के विरुद्ध बाहर निकलकर लोकतंत्र की पुनर्स्थापना के लिए अहिंसक कार्यवाहियाँ करते रहे।

30 मई, 2003 से सू की पूर्णतः नज़रबन्द हैं। उनका अपने देशवासियों के साथ कोई सीधा सम्पर्क नहीं है। शासन-नियुक्त एक चिकित्सक तथा एक-दो व्यक्ति और ही उनके सम्पर्क में हैं। इसके बावजूद वे अपने देशवासियों के लिए आशा की किरण हैं; इक्कीस वर्षों (1988-2009) के अपने अहिंसक संघर्ष के कारण उन अनेक अन्यों के लिए, जो मानवीय-मूल्यों के बने रहने की चिन्ता करते हैं, वे प्रेरणा का स्रोत हैं।

मणिपुर की वीर महिला शर्मिला चानु नवम्बर, 2000 से 'एफ्सपा' (आर्मूस फोर्स स्पेशल पॉवर एक्ट) के अनुचित प्रयोग के विरुद्ध गाँधीवादी मार्ग से संघर्षरत हैं। 'अफ्सपा' भारत के पूर्वोत्तर प्रान्तों में 1972 से लागू वह कानून है, जिसके अन्तर्गत सशस्त्र बलों को विशेष अधिकार दिया गया है कि वे किसी भी व्यक्ति को, राष्ट्रीय सुरक्षा के लिए खतरे की स्थिति में, बन्दी बना सकते हैं; सन्देह की स्थिति में किसी को मार भी सकते हैं। 20 नवम्बर, 2000 को ऐसी ही स्थिति में दस सामान्यजन सुरक्षा बलों के हाथों मारे गए। परिणामस्वरूप चानु ने भूख हड़ताल कर गाँधीवादी सत्याग्रह का मार्ग लिया। आत्महत्या के प्रयास के आरोप में भारतीय दण्ड विधान की धारा 309 के अन्तर्गत उन्हें बन्दी बनाया गया। वे आज तक बन्दी हैं, लेकिन अपनी माँग पर दृढ़ रहते हुए संघर्षरत हैं। उन्हें कभी दिल्ली के आयुर्विज्ञान संस्थान में तथा कभी मणिपुर, इम्फाल के जवाहरलाल नेहरू अस्पताल में बलपूर्वक तरल पदार्थों वाले इंजेक्शन दिए जाते रहे हैं।

दोनों–आंग सान सू की तथा शर्मिला चानु–वीर महिलाएँ हैं। लम्बे समय से संघर्षरत रहने के बावजूद वे अभी तक भी अपने उद्देश्य में सफल नहीं हो पाई हैं, लेकिन अन्याय और अत्याचार के विरुद्ध गाँधीवादी मार्ग से कार्यवाहियों में संलग्न होकर उन्होंने असाधारण कार्य किया है। दोनों देर–सवेर सफल होंगी, ऐसी आशा की जानी चाहिए। गाँधी–दर्शन सत्य का दामन थामकर दृढ़–निश्चय के साथ आगे बढ़ने का सन्देश देता है। दोनों महिलाएँ ऐसा ही कर रही हैं। इसीलिए, इनकी सफलता पर अधिक सन्देह की सम्भावना नहीं होनी चाहिए।

सामाजिक-आर्थिक क्षेत्रों में रचनात्मक कार्यों को गत तीन दशकों से सामान्यतः और पिछले एक दशक से विशेषतः श्रेष्ठ ढंग से आगे बढ़ाती दो भारतीय महिलाएँ-इला भट्ट और वन्दना शिवा-विश्वविख्यात हैं।

इला भट्ट अहमदाबाद (गुजरात) से 'सेवा' नामक गैर सरकारी संस्था के माध्यम से प्रमुख रूप से महिला उत्थान का बड़ा कार्य कर रही हैं। छोटे स्तर पर धन-व्यवस्था करना और महिलाओं को सहकारिता की परिधि में लाकर आत्मनिर्भर बनाना भी इस संस्था का प्रमुख उद्देश्य है। सेवा (इण्डियाज़ सेल्फ-इम्पलॉइज विमैन एसोसिएशन) द्वारा इला ने अपने कल्याण कार्य को गत एक दशक के दौरान विस्तार प्रदान किया है। श्रम से जुड़ी समस्याएँ इस विस्तार के केन्द्र में हैं। यह कार्य कई अन्य देशों में भी प्रेरणा का स्रोत बना है।

वन्दना शिवा भी 1988 से, चिपको आन्दोलन[16] से जुड़ने के बाद, रचनात्मक कार्य कर गाँधीवादी दर्शन को एक आयाम दे रहीं हैं। उनके निर्देशन में 'नवदान्या' नामक संस्था, जिसका मुख्यालय नई दिल्ली में है, *'पौधों के प्राकृतिक संरक्षण'*, *'रसायन मुक्त खेती'* और *'बीज-बचत'* की दिशा में अनुकरणीय कार्य कर रही है। गाँधी ने अपने दर्शन में रचनात्मक कार्यों को जिस प्रकार प्राथमिकता दी थी, तथा उसमें भी प्राकृतिक सन्तुलन को बनाए रखने का आह्वान किया था, वन्दना शिवा उसी के अनुरूप कार्यरत हैं। साथ ही, भारत के किसानों में जागृति और उनके उत्थान हेतु योगदान कर रही हैं।

संक्षेप में दोनों-इला और वन्दना-के कार्य, जिन्हें मैं विशुद्ध रचनात्मक गतिविधियाँ मानता हूँ, जो वे स्वैच्छिक संगठनों के माध्यम

से कर रही हैं, गाँधीवादी मार्ग से सामाजिक-आर्थिक परिवर्तन के ढंग हैं; समय की माँग के अनुरूप ये अच्छे प्रयोग हैं।

अनेक अन्य महिलाएँ भी परिस्थितियों एवं समय की माँग के अनुरूप गाँधी-दर्शन के आधार पर अपनी-अपनी कार्यवाहियों को पिछले एक दशक की अवधि में क्रियान्वित करती रही हैं। ये महिलाएँ भारत के अतिरिक्त विश्व के अन्य देशों से भी आती हैं। इस सम्बन्ध में अमरीकी कार्यकत्री और पर्यावरणविद् जूलिया बटरफ्लाई हिल का नाम मैं यहाँ विशेषरूप से लूँगा। जूलिया, जैसा कि अनेकजन जानते हैं, 10 दिसम्बर, 1997 एवं 18 दिसम्बर, 1999 के मध्य की 738 दिनों की अवधि में 600 वर्ष पुराने 'कैलिफोर्निया रेडवुड वृक्ष' पर नंगे पैर रहीं, और 'लूना' के नाम से प्रसिद्ध उस वृक्ष को 'पेसिफिक लम्बर कम्पनी' द्वारा काटे जाने की कार्यवाही से बचा सकीं। यह कार्य उन्हें उन अनेक प्रसिद्ध पर्यावरणविदों की श्रेणी में ला सका, जो प्राकृतिक संसाधनों की रक्षा में अपने को लगाए हुए हैं।

यह सूची लम्बी है। इसमें महिलाओं के साथ पुरुषों को सम्मिलित करें, विशेषकर सुन्दरलाल बहुगुणा जैसे विश्वविख्यात पर्यावरणविद् और बिन्देश्वर पाठक जैसे अन्तर्राष्ट्रीय स्तर के कार्यरत समाजशास्त्री का नाम लें, तो ज्ञात होता है कि गाँधीवादी दर्शन को आधार बनाकर हजारोंजन मानव-कल्याण के महान कार्य में जुटे हुए हैं; वे समय की आवश्यकता के अनुसार दर्शन को परिमार्जित कर, अहिंसक उपायों द्वारा परिवर्तन की दिशा में आगे बढ़ते हुए प्रगति के साथ ही शान्ति की संस्कृति के निर्माण में व्यस्त हैं। केवल भारत में ही लगभग एक सौ से भी अधिक गाँधीवादी संगठन और संस्थाएँ हैं,[17]

जो अपरिहार्य परिवर्तन के नियम से साक्षात्कार करते हुए, दूसरे शब्दों में इस नियम की शाश्वतता को स्वीकार करते हुए, और साथ ही गाँधी-दर्शन के प्राणाधार अहिंसा पर कायम रहते हुए अपनी-अपनी कार्यवाहियों में संलग्न हैं। आम्टे[18] के आश्रम के अतिरिक्त, बिन्देश्वर पाठक द्वारा कम लागत पर सफाई व्यवस्था, बायोगैस तथा ग्राम-विकास जैसे कार्यों को केन्द्र में रखकर स्थापित किया गया सुलभ इन्टरनेशनल समाज सेवा संगठन, ग्राम सेवा समाज,[19] वेरछी प्रदेश सेवा समिति,[20] सर्वोदय परिवार,[21] गाँधी विद्यापीठ,[22] सर्वोदय मण्डल[23] आदि जैसी सुप्रसिद्ध संस्थाएँ, जिनकी गतिविधियों को स्वयं इस लेखक ने निकटता से देखा और जाना है, गाँधी-दर्शन की प्रासंगिकता और सार्थकता का प्रमाण हैं। साथ ही, गाँधी के दर्शन के प्रयोग की सैदव सम्भावना है, इस सत्यता की पुष्टि भी इन सभी संस्थाओं के कार्यों से होती है।

गाँधी-दर्शन का भविष्य

गाँधी-दर्शन, जैसा कि प्रारम्भ में ही कहा गया है, तर्क-वितर्क की उच्च कला से प्रकट विचार नहीं है; यह सनातन धर्म निर्देशित है; यह पूर्णतः अहिंसा की परिधि में रहते हुए आम और खास, सभी के कल्याण को समर्पित है। इसे साधारणजन या आमजन का दर्शन भी कहा जा सकता है। इस दर्शन में सीधा आह्वान है। इसीलिए इसके प्रयोग की सदा सम्भावना है। इस दर्शन के माध्यम से प्रयोग कर सफलता सुनिश्चित करनी हो तो कुछ साधारण बातें दृढ़तापूर्वक अपनानी होंगी। उन बातों को इस दर्शन के प्रयोग से सफलता प्राप्ति की शर्तें भी माना जा सकता है। वे बातें क्या हैं? उनका खुलासा कर अपनी चर्चा को विराम देने से पूर्व गत दो वर्षों में 'गाँधीगिरी' नामक

अहिंसक ढंग से व्यक्तिगत स्तर पर की गईं कुछ कार्यवाहियों, और उनसे प्राप्त हुई सफलताओं के सम्बन्ध में भी मैं उल्लेख करना चाहूँगा।

अक्टूबर, 2006 में 'लगे रहो मुन्नाभाई'[24] नामक हिन्दी फिल्म प्रसारित होने के उपरान्त, इससे प्रेरित होकर, लोगों द्वारा इसमें प्रकट कई दृष्टान्तों को आधार बनाकर, अन्याय के विरुद्ध सामने आने के अनेक उदाहरण प्रस्तुत किए गए। विशेषकर व्यक्तिगत स्तर पर 'गाँधीगिरी'[25] के नाम से लोगों ने अन्याय के विरुद्ध विरोध प्रकट किया; विरोध का ढंग निस्सन्देह अहिंसक रहा, और अधिकांश अवसरों पर लोग सफल रहे। 'गाँधीगिरी' को 'सत्याग्रह' का नाम दिया गया। इक्कीसवीं शताब्दी के प्रारम्भ की परिवर्तित परिस्थितियों में इसे गाँधी-दर्शन का कारगर पक्ष घोषित किया गया। 'गाँधीगिरी' की व्याख्या भी की गई। इसमें कहा गया कि यह दो शब्दों 'गाँधी' और 'गिरी' से निर्मित है। इसमें गाँधी=गाँधी (महात्मा) तथा गिरी=मार्ग है। यह बलपूर्वक लादे गए अन्याय को अहिंसक उपायों से समाप्त करने का ढंग है, इसीलिए यह सत्याग्रह है; यह गाँधी-दर्शन का प्रयोग है। और, जैसा कि कहा है, अधिकांश अवसरों पर 'गाँधीगिरी' सफल रही।

अक्टूबर, 2006 में ही दिल्ली के अनेक डॉक्टरों और छात्रों ने भारत के स्वास्थ्य मंत्री अम्बुमणी रामदास को डेंग्यू बुखार, जो माहमारी का रूप ले चुका था, तथा जिसमें दो दर्जन से अधिक लोग मारे जा चुके थे, पर नियंत्रण करने के लिए 'गाँधीगिरी' के माध्यम से शर्मसार किया। करूर, महाराष्ट्र में एक लेखक ने शिक्षा में सुधार हेतु, गुजरात में एक बढ़ई ने अपने पारिश्रमिक की प्राप्ति हेतु, व महाराष्ट्र में सूखे की मार झेल रहे किसानों ने सरकारी ऋण पाने के लिए

'गाँधीगिरी' अपनाई। इन मामलों में प्रयोगकर्ताओं ने पुष्प-अर्पण, मोमबत्तियाँ जलाकर जुलूस आदि जैसी पद्धतियाँ अपनाईं। इसी प्रकार 2007 में वडोदरा में एक व्यक्ति[26] ने भविष्यनिधि में जमा अपने धन की प्राप्ति हेतु 'गाँधीगिरी' को अपनाते हुए, भविष्यनिधि कार्यालय पर अहिंसक विरोध जताया; विरोध के अपने ढंग में उन्होंने अपने कपड़े उतारकर कार्यालय के अधिकारियों का ध्यानाकर्षित किया। हैदराबाद में तो डाक्टरों के एक वर्ग ने स्थानीय विधायक अफसर खान के अत्याचारों के विरुद्ध पहले मानव-शृंखला बनाई, तदोपरान्त उन्हें पैट्रोल अर्पित कर डाक्टरों को जला देने तक की चुनौती दी।

यह क्रम आगे भी जारी रहा है। पुणे, विशाखापट्नम, इलाहाबाद, पटना, चण्ड़ीगढ़, दिल्ली आदि के साथ ही अमरीका के वाशिंग्टन नगर से भी इस प्रकार की घटनाओं की बातें सामने आईं। अपनी अथवा अपने किसी परिचित की अन्यायपूर्ण गिरफ्तारी के विरोध में, अपने रोजगार की सुरक्षा के लिए तथा नगरों की सफाई, जल-प्रबन्धन आदि जैसी समस्याओं के समाधान हेतु भी 'गाँधीगिरी' का मार्ग चुना गया। उन सभी कार्यवाहियों में, जो इसके नाम हुई, विरोधकर्ता या न्याय की माँगकर्ता अहिंसक रहे हैं, जो अति श्रेष्ठ बात है। दूसरे, प्रयोगकर्ताओं ने, न्यूनाधिक, परिस्थितियों को भाँपकर पद्धति को अपनाने का प्रयास किया है। ये दोनों बातें ही 'गाँधीगिरी' के नाम से हुईं कार्यवाहियों की सफलता का आधार हैं। मैं यद्यपि 'गाँधीगिरी' शब्द के 'सत्याग्रह' के पर्यायवाची होने के तर्क से सहमत नहीं हूँ; मैं इस शब्द में अहं भावना देखता हूँ, जिसका गाँधी के दर्शन में कोई स्थान नहीं है, तो भी जिस प्रकार इसके नाम से प्रयोगकर्ताओं ने अहिंसा का ध्यान रखा है, तथा

जिस प्रकार कार्यवाहियों के समय उन्होंने परिस्थितियों को भाँपकर आगे बढ़ने का प्रयास किया है, उससे मैं बड़ी सीमा तक सन्तोष अनुभव करता हूँ। साथ ही, इस पद्धति के परिमार्जन और सही रूप में गाँधी-दर्शन की परिधि में आ जाने की कामना करता हूँ।

निष्कर्ष

अब, लेखनी को विराम देने से पूर्व, गाँधी-दर्शन के आधार पर वर्तमान व भविष्य में की जाने वाली कार्यवाहियों और उनकी सफलता की शर्तों, अथवा अपने अब तक के विश्लेषण के निष्कर्ष पर आ जाना होगा।

गाँधी-दर्शन, पूर्णतः अहिंसा-आधारित होने के बावजूद किसी भी रूप में ठहरा हुआ विचार नहीं हैं। यह पूर्णतः गतिशील है; इसका आधार, अहिंसा, स्वयं देशकाल की परिस्थितियों में परिमार्जन का विषय है। इसीलिए, जो गाँधी-दर्शन को लागू कर सफलता की इच्छा रखते हों, उन्हें समय और स्थान की माँग और परिस्थितियों से इसका तालमेल बैठाकर ही आगे बढ़ना होगा। यही सफलता की सर्वप्रमुख शर्त है। गाँधी-दर्शन जैसा कि विदित है, उपयोगितावाद से, जिसमें 'अधिकतम व्यक्तियों के अधिकतम सुख' की बात है, भिन्न और 'सर्वोदय' को समर्पित विचार है। इसलिए, इस दर्शन के प्रयोगकर्ता यदि सर्वजन के व्यापक हित को केन्द्र में रखकर कार्यवाही करते हैं, तो उसकी सफलता की सम्भावना बहुत अधिक है। तीसरे, गाँधी-दर्शन के प्रयोगकर्ता शीघ्र ही इच्छानुकूल परिणाम प्राप्त कर पाएँ, सदा ही ऐसी सम्भावना नहीं रह सकती। इस दर्शन पर आधारित कार्यवाही लम्बे समय तक चलने वाली हो सकती है, इस हेतु तैयारी रखनी चाहिए।

इन्हीं प्रमुख बातों के साथ, उन सामान्य निर्देशों, जो महात्मा गाँधी ने अपनी जनकार्यवाहियों के माध्यम से मानव-विश्व के समक्ष रखे, तथा जो अन्य गाँधीवादियों ने भी समय-समय पर इसी प्रकार प्रस्तुत किए, को वर्तमान में तथा भविष्य में की जाने वाली कार्यवाहियों के समय ध्यान में रखकर आगे बढ़ा जाएगा, तो कोई कारण नहीं कि देर–सवेर शुभ परिणाम सामने न आएँ। निश्चिततः सार्थक परिणाम सामने आएँगे, गाँधी–दर्शन की प्रासंगिकता सिद्ध होगी तथा प्रगति के साथ ही शान्ति का मार्ग प्रशस्त होगा।

सन्दर्भ :

1. प्रमुख रूप से इसमें सम्मिलित हैं : कोलम्बिया का बोगोटा विद्रोह (1948), मोरक्को में फ्रांसीसी शासन के विरुद्ध प्रदर्शन (1950), बोलिविया में किसान–समितियों द्वारा अधिग्रहण (1952-5), होन्डूरस में युनाइटिड फ्रूट कम्पनी के विरोध में हड़ताल (1954), पौलैण्ड में रोटी और स्वाधीनता के लिए संघर्ष (1956), कोलम्बिया में पिनेलास के पतन हेतु छात्र–निर्देशित नागरिक विद्रोह (1957), अर्जेन्टीना में आम हड़ताल (1959), जाम्बिया में केन्द्रीय अफ्रीकी संघ से स्वाधीनता हेतु संघर्ष (1959-64), इस्राइल में समान अधिकारों के लिए अरबों का आन्दोलन (1960), अल सलवाडोर में छात्र–विद्रोह (1960), एक्वाडोर में आम हड़ताल (1961), पनामा की पकोरा घाटी और पेरू में किसान संघर्ष (1962), ब्राजील में किसान संघर्ष (1962-4), चिली में ग्रेप कार्यकर्ताओं की हड़ताल (1963), पेरू में किसानों का संघर्ष (1963), वियतनाम में नागरिक विद्रोह (1963), सूडान में नागरिक विद्रोह (1964-5), ग्रेप कार्यकर्ताओं की हड़ताल और डेलेनो केन्द्रीय बहिष्कार, कैलिफोर्निया, अमरीका (1965), कनाड़ा में ओटावा की महिलाओं का वस्तुओं की मूल्य वृद्धि के विरुद्ध खाद्य भण्डारों का बहिष्कार (1966), आर्कबिशप डोम

होलडर कामारा की भागीदारी से उत्तरी ब्राजील में हुआ प्रदर्शन (1966), वियतनाम में छात्र-विरोध (1967-8), उत्तरी आयरलैण्ड में लन्दन डेरी में विरोध (1968), छात्रों और श्रमिकों के नेतृत्व में फ्रांस में नागरिक विद्रोह (1968), जर्मनी, इटली, पोलैण्ड एवं युगोस्लाविया में छात्रों के प्रदर्शन (1968), न्यूयार्क, अमरीका में मोहवक संघर्ष (1968), ब्राजील में सत्ता के विरुद्ध छात्रों की हड़ताल और प्रदर्शन (1968), स्टेफर्ड अमरीका में विश्वविद्यालय सुधार हेतु छात्रों के प्रदर्शन (1968), स्पेन में श्रमिकों, छात्रों और पादरियों के विरोध प्रदर्शन (1968-9), इटली में आम हड़ताल (1969), गुजरात, भारत में लोकाशाही की पुनर्स्थापना हेतु मोरारजी देसाई का आमरण अनशन (1975), मैक्सिको में छात्र-प्रदर्शन (1981), मैक्सिकों में मैक्सिकोवासियों के विरुद्ध शताब्दियों पुरानी उत्पीड़क कार्यवाही के विरुद्ध ई.जेड.एल.एल.-शान्ति प्रदर्शन (1996), नार्थ केरोलिना, अमरीका में छात्रों का उत्पादन में संलग्न श्रमिकों के लिए रोजगार गारन्टी तथा वेतन की सुनिश्चितता हेतु प्रशासन पर दबाव बनाने के लिए अहिंसक प्रदर्शन (1997-8)।

2. प्राचीनकालीन कल्याणकारी व्यवस्था।
3. अप्रैल, 1893 में गाँधी का दक्षिण अफ्रीका आगमन एक अकस्मात् घटना थी। 'दादा अब्दुल्ला एण्ड कम्पनी' नामक एक व्यवसायी संस्था दक्षिण अफ्रीका में व्यापक पैमाने पर व्यापार करती थी। इसी संस्था के एक प्रतिनिधि ने राजकोट में गाँधी के बड़े भाई से सम्पर्क किया, जिसका उद्देश्य दक्षिण अफ्रीका के एक न्यायालय में चालीस हजार पाउण्ड के उनके एक लम्बित मामले में सहायता माँगना था। यद्यपि इस संस्था के पास एक यूरोपीय विधिवेत्ता थे, लेकिन उन्हें भी ऐसे सहायक की आवश्यकता थी, जो संस्था के गुजराती भाषा में होने वाले पत्र-व्यवहार और लेखे-जोखे में सहायता कर सके। सहायक की एक वर्षावधि हेतु आवश्यकता थी, और प्रथम श्रेणी में आने-जाने के टिकट के अतिरिक्त 105 ब्रिटिश पाउण्ड के मानदेय की व्यवस्था थी। गाँधी ने संस्था के प्रस्ताव

को स्वीकार कर लिया; उन्होंने दक्षिण अफ्रीका को प्रस्थान किया।

4. विशेषकर सरदार वल्लभभाई पटेल और पण्डित जवाहरलाल नेहरू के सक्षम नेतृत्व में क्रमशः गुजरात तथा संयुक्त प्रान्त में।
5. नमक कानून को अप्रैल, 1930 में डाण्डी में भंग करते हुए।
6. सुप्रसिद्ध गाँधीवादी चिन्तक विनोबा भावे के अनुसार, "शान्ति का अर्थ किसी निष्क्रिय या यथास्थिति की निरन्तरता नहीं है। शान्ति का अर्थ कुछ गतिशीलता है। इसमें व्यक्तिगत शक्ति को विकसित करना होता है, जो जनता के सक्रिय बल को उस सीमा तक विकसित करती है, जहाँ से वह किसी भी स्थिति का सामना कर सके।"
7. सर्व कल्याण।
8. स्वयं महात्मा गाँधी के शब्दों में, "(रस्किन की यह पुस्तक) मेरे जीवन में तत्काल महीन और व्यावहारिक परिवर्तन लाई।" तथा, "रस्किन में मुझे स्वयं अपने कुछ दृढ़-विश्वासों की सम्पुष्टि होती दीख पड़ी। इसीलिए, मैंने उनके सन्देश को ग्रहण किया।"
9. 1819-1900
10. महात्मा गाँधी द्वारा तैयार किए गए उस प्रारूप को उनकी अन्तिम वसीयत का नाम भी दिया गया। वह ऐतिहासिक अभिलेख बन गया। उसकी महत्ता एवं प्रासंगिकता को समझते हुए मैं पूरे अभिलेख को परिशिष्ट संख्या दो में दे रहा हूँ।
11. आचार्य विनोबा भावे (1895-1982) : महात्मा गाँधी के निकटतम् साथी एवं शिष्य, शिक्षाविद्, स्वाधीनता सेनानी, समाज सुधारक तथा चिन्तक; वे 1940 में व्यक्तिगत सत्याग्रह प्रारम्भ किए जाने की पूर्व सन्ध्या पर महात्मा गाँधी द्वारा प्रथम सत्याग्रही के रूप में चयनित किए गए थे। गाँधीजी के निधनोपरान्त, विनोबा भावे ने गाँधी-दर्शन के आधार पर भारत के पुनर्निर्माण का बीड़ा उठाया। 'रेमोन मैग्सेसे' जैसे प्रतिष्ठित सम्मान के अतिरिक्त 1983 में, अभूतपूर्व राष्ट्रीय सेवाओं के लिए उन्हें भारत के सर्वोच्च नागरिक सम्मान 'भारत रत्न' से भी अलंकृत किया गया था।

12. इसके अन्तर्गत कुए, बैल तथा उन अन्य साधनों के सम्पन्नों द्वारा दान आते हैं, जिनसे भूदान में प्राप्त भूमि पर खेती की जा सके।
13. श्रम अथवा स्वैच्छिक कार्य का दान।
14. ग्रामदान योजना के अन्तर्गत अस्सी प्रतिशत या उससे अधिक ग्रामवासी अपनी भूमि का स्वामित्व ग्राम-समितियों को समान वितरण के उद्देश्य से सौंपते हैं; इसके अन्तर्गत पूरे ग्राम की खेती योग्य भूमि का पचास प्रतिशत अनिवार्यतः बँटवारे हेतु उपलब्ध रहता है। पारिवारिक आवश्यकताओं के अनुसार भूमि का पुनर्वितरण दस वर्षों की अवधि के उपरान्त किया जा सकता है। विनोबा की इस योजना के मूल में एक बड़ा उद्देश्य था। उन्होंने, वास्तव में, इसमें 'साम्ययोग' को देखा। 'साम्ययोग', अर्थात 'समानता का योग'। यह महात्मा गाँधी के सर्वोदय सिद्धान्त के जैसा ही था। इसके अन्तर्गत, स्वयं विनोबा भावे के शब्दों में, "स्वराज्य प्राप्ति के उपरान्त, हमारा उद्देश्य साम्ययोग की स्थापना होना चाहिए; यह समानता का योग है, हमने इसे सर्वोदय नाम दिया है। आप इसे और कोई नाम भी दे सकते हैं।"
15. लगभग पाँच करोड़ एकड़ भूमि।
16. प्रसिद्ध पर्यावरणविद् सुन्दरलाल बहुगुणा द्वारा उत्तराखण्ड के पर्वतीय क्षेत्रों में वृक्षों के संरक्षण के उद्देश्य से प्रारम्भ किया गया।
17. जैसे कि आनन्दवन के बाबा आम्टे द्वारा प्रारम्भ आश्रम (महाराष्ट्र), बनवासी सेवा आश्रम (उत्तर प्रदेश), गाँधी शान्ति प्रतिष्ठान (नई दिल्ली), गाँधी शान्ति प्रतिष्ठान न्यास और आन्ध्र महिला सभा (आन्ध्र प्रदेश), जी० आर० इन्स्टीट्यूट ऑफ नान-वायलन्स (केरल), गाँधी अध्ययन केन्द्र, वर्धा (महाराष्ट्र), महात्मा गाँधी केन्द्र, कोयम्बटूर (तमिलनाडु), एम० सी० एम० इ० एफ० (नई दिल्ली), राष्ट्रीयशाला, राजकोट (गुजरात), सम्पूर्ण क्रान्ति विद्यालय (गुजरात), सर्वोदय इन्टरनेशनल ट्रस्ट, बैंगलोर (कर्नाटक), सौराष्ट्र रचनात्मक समिति, राजकोट (गुजरात), इत्यादि।
18. मुरलीधर देवीदास आम्टे : बाबा आम्टे के नाम से प्रसिद्ध (26 दिसम्बर,

1914-9 फरवरी, 2008), भारत के एक सम्मानित सामाजिक कार्यकर्ता थे। उन्होंने कुष्ठ रोगियों के पुनर्वास और उपचार हेतु अनेक आश्रमों की स्थापना की तथा समाज के दबे-कुचले वर्गों के लिए कार्यक्रम चलाए। महाराष्ट्र के चन्द्रपुर जनपद के पिछड़े क्षेत्र में स्थापित आनन्दवन ऐसा ही एक आश्रम है, जहाँ वे स्वयं भी अपने जीवनकाल में रहे। पर्यावरण संरक्षण, वन्यजीव संरक्षण तथा नर्मदा बचाओ जैसे अन्य सामाजिक कार्यक्रमों से भी आम्टे की सम्बद्धता रही।

19. गुजरात के वेरछी में 1957 में स्थापित, जो अनेक गाँधीवादी संस्थाओं का संचालन करती है तथा इन संस्थाओं में आज आदिवासी क्षेत्रों से लगभग पाँच हजार बालिकाएँ-बालक अध्ययन करने आते हैं।
20. वर्ष 1952 में वालोड, गुजरात में स्थापित, जो पिछले एक दशक से आदिवासी क्षेत्रों में शिक्षा-प्रसार, स्वास्थ्य और ग्रामीण क्षेत्रों में, विशेषकर किसानों में जल संरक्षण के लिए कार्य कर रही है।
21. गुजरात में 1968-9 में स्थापित, जो गत लगभग एक दशक से ग्राम-विकास और मार्ग-निर्माण हेतु उल्लेखनीय कार्य कर रही है।
22. वर्ष 1967 में वेरछी, गुजरात में स्थापित; यह संस्था 1990 से श्रेष्ठ गाँधीवादी सामाजिक कार्यकर्ता तैयार कर रही है, ऐसे कार्यकर्ता ग्रामों में जाकर अपनी सेवाएँ देते हैं।
23. मुम्बई में पचास वर्ष पूर्व स्थापित; जनता को गाँधी-विचार से परिचित कराने के साथ ही शैक्षणिक कार्यों में भी यह संलग्न है।
24. राजू हिरानी द्वारा निर्मित तथा विधु विनोद चोपड़ा द्वारा निर्देशित।
25. वास्तव में सविनय अवज्ञा आन्दोलन (1930-31) के प्रथम चरण के दौरान 'गाँधीगिरी' शब्द का प्रयोग पहली बार सरदार वल्लभभाई पटेल द्वारा किया गया था। इस शब्द-प्रयोग के पीछे रही भावना कुछ और थी।
26. अटली ग्राम निवासी इन्द्रवदन पटेल।

प्रयुक्त पुस्तक सूचीः

- अनुराधा वर्मा, फाइन फुटवर्क कीप्स द शो गोइंग (ए व्यू ऑन इला भट्टस लाइफ एण्ड वर्क), पाइनियर, दिल्ली (भारत), 12 फरवरी, 2008
- आर० एल० होम्स, नान-वायअलंस इन थ्यारी एण्ड प्रेक्टिस, वाड्सवर्थ पब्लिशिंग कम्पनी, कैलिफोर्निया (संयुक्त राज्य अमरीका), 1990
- एम० के० गाँधी, आत्मकथा अथवा सत्य के प्रयोग, नवजीवन पब्लिशिंग हाउस, अहमदाबाद (भारत), 1957
- एम० के० गाँधी, मेरे सपनों का भारत, नवजीवन पब्लिशिंग हाउस, अहमदाबाद (भारत), 1960
- एम० के० गाँधी, यंग इण्डिया साप्ताहिक, नवजीवन पब्लिशिंग हाउस, अहमदाबाद (भारत), 1919-1931
- एम० के० गाँधी, रचनात्मक कार्यक्रमः अर्थ एवं स्थान, नवजीवन पब्लिशिंग हाउस, अहमदाबाद (भारत), 1948
- एम० के० गाँधी, सत्याग्रह इन साउथ अफ्रीका, नवजीवन पब्लिशिंग हाउस, अहमदाबाद (भारत), 1950
- एम० के० गाँधी, सर्वोदय, नवजीवन पब्लिशिंग हाउस, अहमदाबाद (भारत), 1955
- एम० के० गाँधी, हरिजन साप्ताहिक, नवजीवन, अहमदाबाद (भारत), 3 व 24 दिसम्बर 1938, 12 तथा 20 मई व 30 सितम्बर तथा 7 अक्टूबर, 1939
- जार्ज हैन्डरिक्स, द इन्फ्लुएंस ऑफ थोरोस सिविल डिसआबेडियंस ऑन गाँधीस सत्याग्रह, द न्यू इंग्लैण्ड (क्वार्टरली), (इंग्लैण्ड), 1956
- पी० एस० अय्यर, स्टेटलैस इण्डियन्स इन साउथ अफ्रीका, के०आर० मेहता, अहमदाबाद (भारत), 1942
- रवीन्द्र कुमार, अहिंसा और इसका दर्शन, डायनामिक पब्लिकेशंस, मेरठ, उत्तर प्रदेश (भारत), 2003

- रवीन्द्र कुमार (सम्पादित), ग्लोबल पीस-एन इन्टरनेशनल जरनल ऑफ फिलॉसफि, पीस.........., वोल्यूम 1-8, संख्या 1-4, मेरठ (भारत), 2001-2009
- रवीन्द्र कुमार, टुवर्ड्स पीस, ज्ञान पब्लिशिंग हाउस, नई दिल्ली (भारत), 2007
- रवीन्द्र कुमार, महात्मा गाँधी और अहिंसा, कल्पाज़ पब्लिकेशंस, नई दिल्ली (भारत), 2007
- लियो टालसटाय, द लॉ ऑफ वायअलंस एण्ड द लॉ ऑफ लव, द यूनिकार्न प्रेस, लन्दन (इंग्लैण्ड), 1959
- लूइस फिशर, गाँधी : हिज लाइफ एण्ड मैसिज फॉर द वर्ल्ड, न्यू अमरीकन लाइब्रेरी, न्यूयार्क (संयुक्त राज्य अमरीका), 1954
- वन्दना शिवा, इकोलोजी एण्ड द पॉलिटिक्स ऑफ सर्वायवल : कनूफ्लिक्ट ओवर नेचुरल रिसोर्सस इन इण्डिया, सेज पब्लिकेशंस, थाउजेन्ट ओक, कैलिफोर्निया (संयुक्त राज्य अमरीका), 1991
- वन्दना शिवा, द वायअलंस ऑफ द ग्रीन रिवोलुशन : इकोलोजिकल डिग्रेडेशन एण्ड पॉलिटिकल कनूफ्लिक्ट इन पंजाब, जेड प्रेस, नई दिल्ली (भारत), 1992
- विनोबा भावे, विनोबा ऑन गाँधी, सर्व सेवा संघ (भारत), 1973
- सुशन ऐवेंजिलिस्टा, नान-वाइअलंस : ए टैक्सट्, आई० एस० पी०, ऐटेनियो डी मनीला यूनिवर्सिटी, मनीला (फिलीपीन्स), 1994
- सोसलियो एरिलो, ब्रेकवे : द इनसाइड स्टोरी ऑफ द फोर डे रिवोलुशन इन द फिलीपीन्स, सी० टी० ए० एसोसिएट्स, मनीला (फिलीपीन्स), 1986

●●●●

7

भारत, लोकतंत्र बनाम भीड़तंत्र और गाँधी

"केन्द्र में बीस लोगों के बैठ जाने से ही लोकतंत्र कार्य नहीं कर सकता। इसके लिए निम्नतम स्तर से, प्रत्येक ग्राम से, जनता को (जागरूक होकर) कार्य करना होगा।"

– महात्मा गाँधी

भारत में लोकतंत्र

भारत में लोकतंत्र की जड़ें बहुत गहरी हैं। कदाचित् भारत ही विश्व का वह देश है, जहाँ लोकतंत्र ने सबसे पहले कार्य करना प्रारम्भ किया। वैदिककाल[1] में कार्यरत 'सभा', 'समिति' और 'विदिथा' जैसी संस्थाएँ इस सत्यता की पुष्टि करती हैं। तदोपरान्त, गौतम बुद्ध के समय में अनेक गणराज्यों[2] की उपस्थिति, और स्वयं शाक्यमुनि गौतम का लोकतंत्र के पक्ष में बोलना और इसकी सुदृढ़ता के लिए महत्त्वपूर्ण सुझाव देना[3] भारत में इसके महत्त्व को सिद्ध करता है।

सामान्यतः लोकतंत्र एक राजनीतिक संस्था के रूप में मान्य है। इसके माध्यम से राजनीतिक व्यवस्था संचालित होती है। लेकिन प्राचीनकाल में ही बौद्ध सभाओं में भी लोकतांत्रिक पद्धति ने कार्य किया है।[4] धार्मिक क्षेत्र में इसका न्यूनाधिक सफल प्रयोग हो चुका है। इससे लोकतंत्र के भारत में महत्त्व को पूर्णतः समझा जा सकता है।

भारत के लिए, मैं दृढ़तापूर्वक कहना चाहूँगा, यदि कोई सर्वोत्तम व्यवस्था है, तो वह लोकतंत्र है। राजनीतिक के साथ ही, धार्मिक और आर्थिक क्षेत्रों में भी इसके श्रेष्ठ ढ़ंग से कार्य कर सकने की पूरी-पूरी सम्भावनाएँ हैं। विशेष रूप से यह बात मैं इसलिए कहता हूँ, क्योंकि भारत विभिन्नताओं का देश है। इसकी विभिन्नताओं में एकता लोकतंत्र द्वारा ही सम्भव है।

महात्मा गाँधी और लोकतंत्र

स्वयं महात्मा गाँधी जैसे महापुरुष, लोकतंत्र को दोषमुक्त न

मानने के बावजूद,[5] इसके महत्त्व और आवश्यकता को पूर्णतः अनुभव करते थे। वे इसे निरन्तर स्वस्थ और सुदृढ़ बनाए जाने के पक्षधर थे। इसी के माध्यम से वे अपने सपनों के रामराज्य को साकार करना चाहते थे। उनके रामराज्य में शारीरिक रूप से दुर्बल को भी सबल के समान अवसरों की प्राप्ति, उसकी सुरक्षा और आदर की प्रत्याभूति है। संक्षेप में महात्मा गाँधी का रामराज्य लोकतंत्र का अति उन्नत रूप है।

क्या उन्नत लोकतंत्र की स्थापना हो सकेगी? यदि हाँ, तो कब? कम-से-कम इन दो प्रश्नों को लेकर महात्मा गाँधी किसी संशय में नहीं थे। इन्हें लेकर वे कल्पना की उड़ान नहीं भरते थे। वे भली-भाँति यह जानते थे कि जैसे व्यक्ति त्रुटियों का पुतला है, और वह तुरन्त अथवा पूर्णतः त्रुटिमुक्त हो जाए, यह सम्भव अथवा सरल नहीं, उसी प्रकार कोई मानव-संस्था, भले ही लोकतंत्र, पूर्णतः और तुरन्त बुराई से मुक्त हो जाए, ऐसा भी सम्भव नहीं है।

इसीलिए, महात्मा गाँधी ने अन्य आवश्यक बातों के साथ, विशेषकर अनुशासन, सबके द्वारा समान रूप में विधि के आदर और व्यक्तिगत इच्छा के स्थान पर समाज की इच्छा को प्राथमिकता दिए जाने पर बल दिया, ताकि लोकतंत्र की बुराइयों को, जो इन्हीं बातों की अनुपस्थिति में विशेष रूप से उत्पन्न होती हैं, न्यून किया जा सके। इसी सम्बन्ध में आगे बढ़ते हुए उन्होंने स्वस्थ जनमत और उत्तरदायी प्रतिनिधियों की आवश्यकता पर बल दिया। उन्होंने ऐसा इसलिए किया, क्योंकि जनमत यदि स्वस्थ न हो, तो वह लोकतंत्र को सुदृढ़ता प्रदान करने के स्थान पर भीड़तंत्र में परिवर्तित हो सकता है। भारत में कई अवसरों पर, विशेषकर क्षेत्रीय स्तर पर, यह बात सामने आई है।

उसी प्रकार उत्तरदायी प्रतिनिधि न हों, तो लोकतंत्र के प्रहरी होने के बजाए वे उसे दुर्बल करते हैं। भारत में ऐसा भी कभी-कभी हम देखते हैं। इसीलिए, प्राथमिकता से महात्मा गाँधी ने लोकतंत्र के मानव-संस्था होने कारण उसमें समय-समय पर आ जाने वाली बुराइयों को निरन्तर न्यून करने पर बल दिया। इसके लिए उसे स्वस्थ, सुदृढ़, उत्तरदायी और अनुशासित बनाने का आह्वान किया। लोकतंत्र के अधिकाधिक सम्भव जनशासन के रूप में प्रकट होने और उसके भीड़तंत्र में रूपान्तरित न होने के लिए गाँधीजी का आह्वान महत्त्वपूर्ण था, और है।

भीड़तंत्र अधिकाधिक लोगों के एक साथ आ जाने के बावजूद भी लोकतंत्र से उतना ही दूर रहेगा, जितना पृथ्वी से आकाश। भीड़तंत्र में उत्तरदायित्व की पूरी-पूरी कमी, अनुशासनहीनता और अनियंत्रण के कारण सच्ची जनाभिव्यक्ति का अभाव रहता है। इसीलिए भीड़तंत्र तानाशाही से भी बुरा सिद्ध हो सकता है। भीड़तंत्र के सम्बन्ध में इसीलिए महात्मा गाँधी ने "अनियंत्रितों का समूह, जो मस्तिष्क से काम नहीं लेता और बिना किसी पूर्व सोच-विचार के उन्माद में कार्य करता है",[6] जैसी टिप्पणी की थी।

लोकतंत्र वास्तव में जनशासन के रूप में परिलक्षित हो। वह स्व-शासन प्रतीत हो। इसमें लेशमात्र भी भीड़तंत्र का संकेत न मिले। इसलिए, महात्मा गाँधी इसमें निरन्तर सुधार की आवश्यकता पर बल देते हैं। वे सुधार, समय और परिस्थितियों को पूर्णतः दृष्टिगत रखकर किए जाएँ। साथ ही महात्मा गाँधी के उस आह्वान को, जिसमें लोकतंत्र की सुदृढ़ता के लिए वे अनुशासन, उत्तरदायित्व और नागरिकों

के कर्तव्य पर बल देते हैं, केन्द्र में रखकर किए जाएँ।

इसी क्रम में जो और महत्त्वपूर्ण बात महात्मा गाँधी करते हैं, वह जनजागृति के सम्बन्ध में है। यहाँ जनजागृति से अभिप्राय जनता में कर्तव्यों, अधिकारों और राष्ट्रीय हितों के प्रति सचेतना से है। इसके लिए एक ओर स्वयं जनता व जनप्रतिनिधियों का उत्तरदायित्व है, तो दूसरी ओर सरकार का भी है। एक बार एक निश्चित अवधि के लिए जनता से प्रतिनिधियों के रूप में निर्वाचित हो जाने, और उनमें से मुट्ठीभर लोगों के केन्द्र में बैठकर शासन चलाने मात्र से ही प्रजातंत्र का उद्देश्य पूर्ण नहीं हो जाता। इस प्रक्रिया मात्र से वह जन-शासन नहीं बन जाता। स्वयं गाँधीजी के शब्दों में, "केन्द्र में बीस लोगों के बैठ जाने से ही लोकतंत्र कार्य नहीं कर सकता। इसके लिए निम्नतम स्तर से, प्रत्येक ग्राम से, जनता को (जागरूक होकर) कार्य करना होगा।"[7]

उपसंहार

निस्सन्देह, महात्मा गाँधी की जागरूक लोकतंत्र सम्बन्धी बात न केवल महत्त्वपूर्ण और विचारणीय है, अपितु वास्तविक प्रतीत होती है। कोई कारण नहीं, यदि लोकतंत्र में अनुशासन और उत्तरदायित्व होते हुए, उसके विभिन्न अंग स्वस्थ न हों। कोई कारण नहीं, यदि जागरूक नागरिकों की उपस्थिति में लोकतंत्र स्वशासन के रूप में दिखाई न दे। अनुशासित, उत्तरदायी और जागरूक लोकतंत्र ही, वास्तव में, सच्चा लोकतंत्र हो सकता है। वही स्वशासन अथवा स्वराज्य बन सकता है; साथ ही गाँधी के सपनों के रामराज्य का मार्ग भी प्रशस्त कर सकता है।

इसीलिए महात्मा गाँधी के लोकतंत्र के सम्बन्ध में विचारों को

हल्के में नहीं लेना चाहिए। उनके विचारों को बारीकी से समझना चाहिए। परिस्थितियों और समय की माँग के अनुसार उनका विश्लेषण करना चाहिए और सार्थक प्रतीत होने पर उन्हें अपनाना चाहिए। विशेषकर जब संसार के अनेक राष्ट्रों के लोग महात्मा गाँधी के प्रजातंत्र सम्बन्धी विचारों को गम्भीरता से ले रहे हैं, वे उनका विश्लेषण कर रहे हैं, ऐसे में भारत में उनके सरल और साधारण प्रतीत होते विचारों के महत्त्व, प्रासंगिकता और उपयोगिता को सहज ही समझा जा सकता है।

सन्दर्भ:

1. लगभग 2000-1500 ईसा पूर्व की अवधि।
2. जैसे कि शाक्य गणराज्य, कोलिय गणराज्य अथवा वैशाली गणराज्य।
3. लोकतंत्र का समर्थन करने के साथ ही वैशाली के लिच्छवियों को सामूहिक निर्णयों और लिए गए निर्णयों पर एकताबद्ध होकर कार्यवाही करने के उनके परामर्श को इसी सन्दर्भ में देखा जा सकता था। देखिएगा गाँधी एण्ड गाधीस्म, पृष्ठ 24
4. गाँधी और गाधीस्म, पृष्ठ 24-5
5. क्योंकि लोकतंत्र एक मानव-निर्मित संस्था है। कोई भी मानव-निर्मित संस्था, महात्मा गाँधी के अनुसार, दोष या बुराई से मुक्त नहीं हो सकती। इतना ही नहीं, वह जोखिम से खाली भी नहीं हो सकती। विपरीत इसके, संस्था जितनी बड़ी होगी, उसमें दुरुपयोग का खतरा भी उतना ही अधिक होगा। चूँकि प्रजातंत्र एक बड़ी संस्था है, इसलिए इसमें दुरुपयोग का खतरा भी बड़ा ही है।
6. यंग इण्डिया, 8 सितम्बर, 1920
7. हरिजन, 18 जनवरी, 1948

प्रयुक्त पुस्तक सूची:

- एम० के० गाँधी, आत्मकथा अथवा सत्य के प्रयोग, नवजीवन पब्लिशिंग हाउस, अहमदाबाद (भारत), पुनर्मुद्रण, 1957

- एम० के० गाँधी, यंग इण्डिया साप्ताहिक (1919-31), नवजीवन पब्लिशिंग हाउस, अहमदाबाद (भारत) द्वारा तेरह खण्डों में पुनर्मुद्रित, 1984
- एम० के० गाँधी, हरिजन साप्ताहिक, हरिजन सेवक संघ के तत्त्वावधान में प्रकाशित, 1933-41; तदोपरान्त नवजीवन ट्रस्ट, अहमदाबाद (भारत) द्वारा प्रकाशित, 1942-48
- रवीन्द्र कुमार, गाँधी एण्ड गाँधीज्म, भाग-1, वर्ल्ड पीस मूवमेंट ट्रस्ट, मेरठ (भारत), 2001

●●●●

परिशिष्ट

"मेरा दृढ़-विश्वास है कि जितनी सम्पन्न हमारी संस्कृति है, उतनी कोई अन्य नहीं है। हमने इसे जाना नहीं है, इसके अध्ययन का प्रयास भी हमने नहीं किया है। इसके मूल्य को पहचानने से हम बचते रहे हैं।"

– महात्मा गाँधी

1
भारत की सांस्कृतिक विरासत

"मेरे विचार से इससे अधिक कुछ नहीं कहा जा सकता कि या तो हमें उन्हें अपने में मिला लेना चाहिए, अथवा (उनके व अपने मध्य) दीवार खड़ी कर लेनी चाहिए। लेकिन मैं पूर्णतः आदर और विनम्रता के साथ दावा करता हूँ कि अन्य संस्कृतियों की श्रेष्ठताएँ अपनाई जा सकती हैं; उनके ढंग से नहीं, अपने ढंग से उन्हें अपनाया और अपने में मिलाया जा सकता है। मेरा दृढ़ विश्वास है कि जितनी सम्पन्न हमारी संस्कृति है, उतनी कोई अन्य नहीं है। हमने इसे जाना नहीं है, इसके अध्ययन का प्रयास भी हमने नहीं किया है। इसके मूल्य को पहचानने से हम बचते रहे हैं। अधिकांशतः हम इसमें जीते रहे हैं। मूल में रहे व्यवहार के बिना इसके अध्ययन की आतुरता वैसे ही है, जैसे रसायन लगाकर रखा गया कोई मुर्दा, जो कदाचित् देखने में प्यारा लगता है, लेकिन वह कोई प्रेरणा या सन्देश नहीं दे सकता। मेरा धर्म अन्य संस्कृतियों के मूल्यों को कम करके आँकने या उनका अनादर करने से मुझे रोकता है, ऐसा करना (वास्तव में) समाज की हत्या है, अपने जीवन को पीड़ामय बनाना है।" (स्रोतः यंग इण्डिया, खण्ड-3, संख्या-35, 1 सितम्बर, 1921)

2

महात्मा गाँधी की अन्तिम विरासत

"दो भागों में विभाजन के बावजूद भारत ने भारतीय राष्ट्रीय काँग्रेस द्वारा प्रदत्त साधनों से राजनीतिक स्वतंत्रता को प्राप्त किया है; अपने प्रचार-माध्यमरूपी और राजनीति संस्था के रूप में अब काँग्रेस अनुपयुक्त हो गई है। भारत को अभी अपने उन सात लाख ग्रामों के लिए सामाजिक, नैतिक और आर्थिक स्वाधीनता प्राप्त करनी है, जो नगरों और कस्बों से भिन्न हैं। भारत में लोकतंत्र के ध्येय की प्राप्ति हेतु सैन्य शक्ति पर नागरिक शक्ति की विजय के लिए संघर्ष अनिवार्य है। राजनीतिक दलों और साम्प्रदायिक संगठनों के साथ अस्वस्थ प्रतिस्पर्धा से इसे अपने को अलग रखना चाहिए। इस हेतु तथा इसी प्रकार के अन्य कारणों से अखिल भारतीय काँग्रेस कमेटी वर्तमान काँग्रेस (के ढाँचे) को भंग करने और निम्नलिखित नियमों के अन्तर्गत एक लोक सेवक संघ में परिवर्तित होने का प्रस्ताव करती है। ये नियम समय या अवसर की माँग के अनुरूप परिमार्जन या परिवर्तन का विषय होंगे :

"पाँच ग्रामीण वयस्क व्यक्तियों या महिलाओं या ग्रामीण विचारधारा के (पाँच) लोगों की पंचायत एक इकाई होगी;

"ऐसी दो पंचायतें अपने में से निर्वाचित एक नेता के अन्तर्गत कार्यदल का गठन करेंगी;

"जब इस प्रकार की एक सौ पंचायतें हो जाएँगी, तो प्रथम श्रेणी के पचास नेता अपने में से एक द्वितीय श्रेणी की तरह का नेता चुनेंगे; प्रथम श्रेणी के नेता द्वितीय श्रेणी के नेता के अन्तर्गत कार्य करेंगे। जब

तक सारे भारत में यह प्रक्रिया पूर्ण नहीं होती, एक समानान्तर वर्ग, जो दो सौ पंचायतों का होगा, इस कार्य को आगे बढ़ाता रहेगा; द्वितीय श्रेणी के नेता का चयन पूर्व की भाँति उत्तराधिकारी पंचायत-वर्ग द्वारा होता रहेगा। द्वितीय श्रेणी के सभी नेता अपने-अपने सम्बन्धित क्षेत्रों का प्रतिनिधित्व करने के साथ ही संयुक्त रूप से सारे भारत के लिए भी होंगे। जब कभी आवश्यक प्रतीत हो, द्वितीय श्रेणी के नेता अपने में से एक प्रमुख का चयन करेंगे; वह प्रमुख सुख के क्षणों में वर्गों को नेतृत्व देगा, उन्हें नियंत्रित करेगा।

("चूँकि प्रान्तों और जनपदों के अन्तिम रूप से गठन की स्थिति अभी स्पष्ट नहीं है, इसलिए सेवकों के इस वर्ग का प्रान्त और जनपद परिषद स्तर पर बँटवारा करने का प्रयास नही किया गया है; सारे भारत का क्षेत्राधिकार उस वर्ग या वर्गों में निहित किया गया है, जो किसी एक निर्धारित समय-सीमा में गठित किए जा सकेंगे। ध्यान में रखना चाहिए कि सेवकों का यह संगठन अपनी सत्ता या शक्ति स्वेच्छा व/अथवा बुद्धिमता से अपने स्वामी, सम्पूर्ण भारत, की सेवा द्वारा प्राप्त करेगा।)

"1. प्रत्येक कार्यकर्ता हाथ से काते गए सूत से निर्मित अथवा ए० आई० एस० ए० द्वारा प्रमाणित खादी पहनने का आदी होगा तथा साथ ही नशे का सेवन न करने वाला भी। यदि वह हिन्दू है, तो वह व्यक्तिगत रूप से और परिवार में भी, किसी तरह के छुआछूत से अपने को पृथक रखेगा; वह आन्तरिक-सामुदिक एकता, सभी धर्मों के प्रति आदर और बिना किसी जाति, लिंग और वंश के भेदभाव के अवसरों की समानता के आदर्श में विश्वास रखेगा;

व्यक्ति-परिचय

अल्बर्ट आइंसटीन (1879-1955)	: ज्यूरिक (जर्मनी) के प्रतिभावान आचार्य (1909); कैसर विल्हेम भौतिकी संस्थान के निदेशक तथा बर्लिन विश्वविद्यालय में आचार्य (1914); थियारिटि भौतिकी के प्रिंसटन में आचार्य; विश्व-सरकार आन्दोलन के, जो द्वितीय विश्वयुद्ध-उपरान्त प्रकाश में आया, अग्रणी समर्थक के रूप में उभरे।
आइजैक न्यूटन (1642-1727)	: महान गणितज्ञ, भौतिक शास्त्री और वैज्ञानिक; गुरुत्वाकर्षण के सिद्धान्त की खोज के कारण प्रकृति के दार्शनिक के रूप में सम्पूर्ण यूरोप में श्रेष्ठ और व्यापक ख्याति प्राप्तकर्ता; कैम्ब्रिज विश्वविद्यालय में आचार्य नियुक्त (1661); ट्रिनिटि कालेज के फैलो के रूप में निर्वाचन (1667); साथ ही गणित के

लुकासिनी आचार्य के रूप में स्थापित हुए।

जॉन रस्किन (1819-1900) : प्रसिद्ध अंग्रेजी सामाजिक चिन्तक, अग्रणी कवि, साहित्यकार और कलाकार; उनके कला और वास्तुशास्त्र सम्बन्धी निबन्धों ने विक्टोरिया तथा एडवर्ड के काल में देशवासियों के मस्तिष्क पर गहन प्रभाव डाला।

ड्यूक ऑफ विलिंगटन अथवा अर्थर वेलेस्ली (1769-1852) : इंग्लिश-आइरिश सेनापति, राजनीतिज्ञ एवं वाटरलू युद्ध के विजेता; आयरलैण्ड के प्रमुख सचिव के रूप में नियुक्त (1801); दो बार ग्रेट ब्रिटेन के प्रधानमंत्री बने।

फ्योरेन्जो फक्कीनी : मानव-शास्त्र के अन्तर्राष्ट्रीय ख्याति प्राप्त आचार्य; 1978 से 2005 के मध्य बोलोग्ना विश्वविद्यालय में कार्यरत तथा उसी विश्वविद्यालय के मानव-शास्त्र विभाग और संग्रहालय के जनक; वर्तमान में मानद आचार्य

		और साइंस अकादमी ऑफ बोलोग्ना, इटालियन इन्स्टिट्यूट् ऑफ ऐन्थ्रपॉलजि, अकादमी ऑफ नेचुरल साइंसेज ऑफ कजाकिस्तान और न्यूयार्क अकादमी ऑफ साइंसेज सहित अनेक संस्थानों के सदस्य।
रोमां रोलां (1866-1944)	:	प्रसिद्ध फ्राँसीसी लेखक; 1915 में नोबेल सम्मान से अलंकृत; द्वितीय विश्वयुद्ध के उपरान्त शान्ति प्रकटकर्ता उनके कार्य 'रवीन्द्रनाथ टैगोर और मोहनदास करमचन्द गाँधी के साथ वार्तालाप' अति प्रसिद्ध हुए।
लियो टालस्टाय (1828-1910)	:	लेव निकोलयविच टालस्टाय के नाम से भी प्रसिद्ध रूसी लेखक तथा यूरोप के अग्रणी उपन्यासकार; 'युद्ध एवं शान्ति', 'ईश्वरीय सत्ता आपके अन्दर है' आदि जैसी पुस्तकों के लेखक; महात्मा गाँधी और मार्टिन लूथर किंग जूनियर जैसे व्यक्तियों के जीवन पर गहन प्रभाव छोड़ने वाले।

स्पीतामा जोरेस्टर : जनथुस्त्र अथवा जरतोस्त के नाम से भी पुकारे जाने वाले प्राचीन-कालिक ईरानी पैग़म्बर, धार्मिक कवि तथा जरथुस्त्री-दर्शन (पारसी-विचार) के संस्थापक।

स्वामी दयानन्द सरस्वती (1824-1883) : महान वैदिक-हिन्दू विद्वान और चिन्तक तथा आर्य समाज के संस्थापक (1875); वेदों की सत्यमय सत्ता में विश्वासकर्ता; अग्रणी हिन्दू धर्म एवं समाज सुधारक तथा 1876 में स्वराज्य का आह्वान करने वाले प्रथम भारतीय; महिला-समानता के कट्टर समर्थक। स्वामी दयानन्द सरस्वती का महान योगदान वेदों का संस्कृत से हिन्दी भाषा में अनुवाद कर आमजन हेतु उन्हें सुलभ बनाना रहा।

●●●●

सत्य-अहिंसा के बाणों से
जिसने सूरज ललकारा।
कौन बली जो सत्य-अनल से
जला रहा तम की कारा?
हिंसा जिसके सम्मुख आकर
नतमस्तक हो जाती हैं।
शोषण की दीवारें जिसको
देख-देख थर्राती हैं।
हिंसक, शोषक, आक्रान्ता के
लिए एक वो आँधी है।
सत्य-अहिंसा का पोषक वो
महाभक्त ही गाँधी है।।

–मनोज कुमार 'मनोज'